Trabalhando com Lacan
na análise, na supervisão,
nos seminários

Transmissão da Psicanálise
diretor: Marco Antonio Coutinho Jorge

Organizado por
Alain Didier-Weill e
Moustapha Safouan

Trabalhando com Lacan
na análise, na supervisão, nos seminários

tradução
Claudia Berliner

revisão técnica
Leila Longo

ZAHAR
Rio de Janeiro

Título original:
Travailler avec Lacan

Tradução autorizada da primeira edição francesa,
publicada em 2007 por Aubier, do grupo Flammarion,
de Paris, França

Jorge Zahar Editor Ltda.
rua México 31 sobreloja
20031-144 Rio de Janeiro, RJ
tel.: (21) 2108-0808 / fax: (21) 2108-0800
e-mail: jze@zahar.com.br
site: www.zahar.com.br

Liberté • Égalité • Fraternité
RÉPUBLIQUE FRANÇAISE

Cet ouvrage, publié dans le cadre de l'Année de la France au Brésil et du Programme d'Aide à la Publication Carlos Drummond de Andrade, bénéficie du soutien du Ministère français des Affaires étrangères. "França.Br 2009" l'Année de la France au Brésil (21 avril – 15 novembre) est organisée: en France, par le Commissariat général français, le Ministère des Affaires étrangères et européennes, le Ministère de la Culture et de la Communication et Culturesfrance; au Brésil, par le Commissariat général brésilien, le Ministère de la Culture et le Ministère des Relations extérieures.

Este livro, publicado no âmbito do Ano da França no Brasil e do Programa de Apoio à Publicação Carlos Drummond de Andrade, contou com o apoio do ministério francês das Relações Exteriores. "França.Br 2009" Ano da França no Brasil (21 abr – 15 nov) é organizada: na França, pelo Comissariado Geral Francês, pelo Ministério das Relações Exteriores e Europeias, pelo Ministério da Cultura e da Comunicação e por Culturesfrance; no Brasil, pelo Comissariado Geral Brasileiro, pelo Ministério da Cultura e pelo Ministério das Relações Exteriores.

Projeto gráfico: Bruno Cruz
Capa: Dupla Design
Ilustração da capa: lacan@martinefranck/magnumphotos

CIP-BRASIL. CATALOGAÇÃO-NA-FONTE
SINDICATO NACIONAL DOS EDITORES DE LIVROS, RJ

T681 Trabalhando com Lacan: na análise, na supervisão, nos seminários/ organizado por Alain Didier-Weill e Moustapha Safouan; tradução Claudia Berliner; revisão técnica Leila Longo. – Rio de Janeiro: Jorge Zahar Ed., 2009.

Tradução de: Travailler avec Lacan
ISBN 978-85-378-0150-5

1. Lacan, Jacques, 1901-1981. 2. Psicanálise. I. Didier-Weill, Alain. II. Safouan, Moustapha.

09-2556 CDD: 150.195
CDU: 159.964.2

Sumário

Preâmbulo

O termo "verdade" costuma ser usado a respeito das proposições. Uma proposição é verdadeira se corresponde a um fato ou se, à exceção da cópula, mantém uma relação de *mapping* com um fato. Segundo outra versão, uma proposição é verdadeira se diz do que é que ele é e do que não é que ele não é.

Mas também é bastante comum usar "verdadeiro" para objetos. Dizemos, por exemplo, que a coroa do rei de Siracusa era feita de ouro verdadeiro, como demonstrou Arquimedes ao forjar o conceito científico de peso específico. Também dizemos de fulano que ele é um homem "de verdade", em que "verdade", sem dúvida, não faz mais que trair o ideal fálico que entra de contrabando sob o vocábulo "homem". Posso dizer ainda que o general De Gaulle é um "verdadeiro" homem de Estado – e aí o mesmo termo não faz mais que traduzir a concepção, em geral nebulosa, que tenho de homem de Estado.

Por isso, devemos distinguir os casos em que "verdadeiro" apenas traduz um ideal ou um ponto de vista que remete, cúmulo da mistificação, a um objeto que se coloca como inacessível e aqueles em que o ponto de vista ou a idealização cria o objeto, caso da linguística, no dizer de Chomsky, para não falar da geometria euclidiana.

Entre esses dois extremos, aquele em que o ponto de vista faz a inacessibilidade do objeto e aquele em que ele o produz, podemos distinguir casos intermediários. Assim é que um historiador fala do "verdadeiro" Descartes, o que significa que ele pretende definir o traço específico, aquele que constitui a originalidade da obra desse filósofo – pretensão cujo valor científico se mede pela consistência dos argumentos que a sustentam.

Se, nessa linha, me perguntassem qual é o verdadeiro Lacan, eu responderia que o traço distintivo da obra de Lacan consistiu em teorizar os três livros "canônicos" de Freud: *A interpretação dos sonhos*, *Psicopatologia da vida cotidiana* e *Chistes e sua relação com o inconsciente*. Essa teorização se resume na proposição, desconhecida pelos filósofos, de que a verdade fala. O que não quer dizer que ela se articule, e sim que ela se significa; e é justamente na medida em que se retira do saber que ela se significa como tal, como verdade: foi quando ela se retirou do saber do Freud médico que o limite de sua potência se significou no esquecimento de *Signorelli*.

Essa distinção entre verdade e saber tem consequências práticas. Implica a queda do eu [*moi*] do estatuto que um Fenichel lhe conferia de agente que emprega as palavras e entende seu sentido. Descobre-se uma outra alteridade além do *eu* [*je*], a tal ponto que eu diria que, a menos que se enraíze num dogma ou na crença, o pensamento procede do impensável, pois um sujeito não conseguiria a um só tempo dizer o que pensa e retraçar a gênese de seu pensamento. O ato psicanalítico não se endereça nunca a um *tu* que, mesmo batizado de inconsciente, jamais será mais que a sombra da alma antiga proposta no adágio socrático: "Conhece-te a ti mesmo." Ele implica uma dessubstantificação extrema do sujeito e se limita a reconhecer o que, na boca do analisando, se revela ser o significante do Outro nele.

Contudo, não é preciso praticar a análise para dar essa resposta. Basta uma leitura atenta dos *Escritos* de Lacan. É de lá que vem o interesse dos testemunhos daqueles que trabalharam com ele, seja como analista, seja como supervisor, seja como professor. Esse interesse não decorre do fato de eles nos darem Lacan como ele é. Nem mesmo creio que se possa ler neles a verdade sobre a ação de Lacan, mas sim essa verdade tal como se mostra no que dizem dela aqueles que lhe devem, em maior ou menor medida, o seu tornar-se analista.

Isso não impede a evocação de alguns enunciados de Lacan cuja natureza é esclarecer os traços distintivos de sua ação, como se mostram nos testemunhos que serão lidos.

Lembro que durante os dois primeiros anos de seu seminário, dedicados a comentar as *Cinco psicanálises* de Freud (1951-53), Lacan se deteve mais de uma vez no modo como os mestres zen procediam com seus discípulos e na liberdade com que recorriam a qualquer ato que se revelasse útil, por mais estranho que fosse, para romper alguma cegueira do discípulo: administrar-lhe uma cacetada, por exemplo. O significado dessa reflexão era claro: o analista pode e deve se outorgar essa liberdade desde que seu desejo – aqui, cito Lacan – "não seja tão besta como o desejo do mestre hegeliano". O que, em nosso jargão, significa, sem dúvida, um desejo que não se amuralha por trás dos mecanismos de defesa. Nota-se, portanto, que o centramento da análise em torno do desejo do analista já estava presente desde o começo de seu ensino. Foi esse centramento que lhe possibilitou, posteriormente, encaminhar à noção de contratransferência a crítica que todos conhecem e denunciar qualquer interferência do saber analítico na condução do tratamento como uma fuga diante do que o discurso do analisando comporta de candente, na medida em que o recalcado nele retorna como "semidizer". Daí se deduz o traço que caracteriza as intervenções de Lacan: cada uma delas se dirige àquele ponto que significa a partir do próprio sujeito, ainda que ele mesmo "não saiba disso". Nota-se, além disso, que o desejo do analista, tal como acabamos de caracterizá-lo em contraste com o desejo do mestre hegeliano, só pode ser fruto de uma análise que merece ser qualificada de "didática", porquanto se espera que ela conduza, fora todo benefício terapêutico, à obtenção desse próprio desejo.

Isso me leva a evocar outra lembrança que remonta a esses mesmos anos, marcados pelas diferenças de ponto de vista em torno da questão da instituição psicanalítica, diferenças que opunham Lacan a um grupo de analistas que se preparava para assumir a direção do Instituto e, assim, encarregar-se efetivamente da formação dos analistas, ao lado da Sociedade, reduzida a um clube científico. Depois de todos os membros da Sociedade terem tomado conhecimento dessas diferenças em 1953, Lacan exprimiu uma vez seu espanto diante do fato de alguns analistas amigos seus terem-no tachado de "masoquista", já que a conclusão dessa oposição era conhecida de antemão: uma votação deveria demitir Lacan de sua função de presidente da Sociedade Psicanalítica de Paris (SPP). O atributo "masoquista" podia parecer ainda mais defensável já que, na mesma época, Lacan, sem dúvida irritado com o inchaço existencialista da ideia do "absurdo", enfatizava que a reiterada afirmação de que a vida não tem sentido não passava de uma maneira de desconhecer que ela tem, sim, um e um só sentido: a morte. Essa última asserção merece uma ressalva: a morte não é um sentido, mas um termo; ela é tão estranha ao sentido quanto ao não sentido, uma vez que não infunde a certeza que o ato dá no só-depois. O que não impede que o espanto de Lacan fosse amplamente justificado. Com efeito, que instância decide aqui o caminho pelo qual o sujeito deve enveredar sua vida?[1] Quero dizer com isso que a alegação de masoquismo em semelhante circunstância só pode produzir covardes, ao desconhecer o traço fundamental do desejo, qual seja, sua recusa em se iludir com o que é da ordem do bem. Em contrapartida, todo aquele que reconhece a faculdade que o sujeito tem de tomar uma decisão por sua conta e risco, sem recorrer a nenhuma instância, exceto a heteronomia do desejo, verá imediatamente que "o analista só se autoriza por si mesmo".

Conhece-se o "medo", para utilizar o termo de Niels Bohr, que suscitou no seio da comunidade psicanalítica esse aforismo de Lacan. Mas, em vez de nos deixarmos invadir pela angústia, melhor nela nos apoiarmos para fazer esta pergunta que ele nos deixa: como uma análise que se dirige não ao Eu enceguecido pela miragem de sua autonomia, mas ao lugar de onde o desejo, indestrutível, faz o Aqueronte se curvar, prepara (a análise) o terreno para essa autorização?

A ideia de recolher os testemunhos aqui reunidos germinou primeiro dentro da Fundação Europeia de Psicanálise. Tudo leva a crer que ela era amplamente compartilhada fora dos limites dessa fundação, como mostra a multiplicidade e a variedade dos discursos que leremos e que vão do relato à teorização da prática do mestre.

Moustapha Safouan

[1] Refiro-me aqui a uma conversa ocorrida entre Werner Heisenberg e Niels Bohr. Conversavam sobre um amigo morto na França durante a Primeira Guerra Mundial. "Na sua opinião", perguntou Heisenberg, "teria sido melhor ele pensar que tudo isso era apenas ilusão, sugestão, embriaguez, que essa exigência do comprometimento supremo não deveria ser levada a sério? Que instância tinha, contudo, o direito de proclamar isso?" "O que o senhor me diz me deixa muito triste", respondeu Bohr, "mas não é esta uma verdade assustadora?" (cf. W. Heisenberg, *La partie et le tout – Le monde de la physique atomique*. Paris, Flammarion, col. Champs, p.75).

Introdução

Além de seu alcance doutrinal, a prática de Lacan tinha uma dimensão histórica que é importante recordar.

Sabe-se que a Associação Psicanalítica Internacional (IPA) impôs à Sociedade Francesa de Psicanálise (SFP) 13 condições para admiti-la como uma de suas filiadas. A 13ª condição era riscar os nomes de Jacques Lacan e Françoise Dolto da sua lista de didatas. A maioria das vozes votou a favor dessas condições. Decorrente disso, a SFP se transformou no French Study Group, que deveria funcionar sob a tutela da IPA durante dois anos até ser reconhecido como sociedade autônoma. Foi eleito um novo conselho, composto, entre outros, se minha memória não falha, por Daniel Lagache, Georges Favez, Wladimir Granoff e pelo dr. Berg. Os analistas que votaram contra as condições da IPA constituíram, por iniciativa de Serge Leclaire, o Grupo de Estudo da Psicanálise, cuja presidência foi confiada a Jean Clavreul. A divisão da SFP tornou-se, assim, fato consumado. Na primeira reunião convocada pelo novo conselho, que foi a penúltima (depois, só se reuniram uma vez, para votar a dissolução da SFP), Lacan comentou que só se julgam os métodos de um analista a partir do interior ou segundo seus resultados, e acrescentou: "Meus resultados estão aqui, são vocês." Aos olhos de um D. Lagache ou de um G. Favez, esse "vocês" designava somente um conjunto de jovens afogados no amor de transferência por Lacan ou na idealização arrebatada de sua pessoa. Era um juízo excessivo e desmentido em parte pelos fatos, pois entre os alunos de Lacan já havia, na época, um bom número de analistas reconhecidos como tal por todos os membros da SFP e até fora do círculo dessa sociedade, analistas como Piera Aulagnier, Jean Clavreul, Serge Leclaire, François Perrier, Guy Rosolato e muitos outros. Mesmo assim, era um juízo sustentável, pois é quase certo que nenhum membro da SFP estava em condições de ter, sobre os métodos de Lacan, uma opinião livre dos efeitos da transferência, positiva ou negativa, nem dos efeitos da psicologia de grupo.

Desde então, 40 anos se passaram, portanto, mais de 20 depois da morte de Lacan. Essa distância possibilita, sem dúvida, a formação de opiniões mais equilibradas. Até porque as fontes que nos permitem fazer um juízo "de dentro" multiplicaram-se. Penso nos relatos que antigos analisandos de Lacan publicaram sobre sua análise com ele e, sobretudo, nas análises que alguns de nós tivemos a oportunidade de retomar depois de uma primeira análise feita com Lacan – os chamados "segmentos" de análise. De minha parte, tive algumas experiências que impõem um certo número de comentários.

Acontece às vezes de uma análise estar tão desfigurada que se torna impossível o retoque – e um segmento de análise nada pode fazer. Ora, com apenas uma exceção – trata-se de uma pessoa sobre quem é pertinente indagar se ela não tinha decidido fazer de sua análise uma condição necessária para a boa ordem de sua vida –, nunca vi uma análise conduzida por Lacan que tenha deixado o analisando numa posição impermeável à interlocução, não dialetizável – nem naquelas em que era inegável a intervenção de seu desejo e de sua contratransferência. Não é difícil encontrar as razões disso.

Em primeiro lugar, todos nós temos, como janela para o mundo, um olhar que escapa à nossa visão, que às vezes chega, e não sem certa quantidade de trabalho analítico, ali onde Édipo viu "seus próprios olhos jogados no chão". Num dado momento de nosso percurso, isso pode constituir o desejo mais forte de um analisando, aquele que eventualmente sela sua análise. Lacan era o primeiro a saber disso. O que significa que estava bastante prevenido para ter condições de se subtrair aos engodos do amor de transferência, pois esse saber condiciona a submissão do analista exclusivamente ao discurso. Pode-se decerto apostar que, quando Didier Anzieu pediu uma análise didática a Lacan, este já sabia ou podia saber, contrariamente às suas afirmações, que ele era filho de sua antiga paciente Aimée. E se sabe que ele pedia a seus analisandos que mentissem ante a comissão de investigação da IPA sobre a questão da duração das sessões feitas com ele. Só que mentir é uma coisa e compartilhar das mentiras do narcisismo ali onde elas significam ao abrigo do desconhecimento do sujeito é algo totalmente diferente. Se não se percebe a diferença, eu me pergunto como se pode evitar a confusão entre deontologia, moral e ética da psicanálise.[1]

Em segundo lugar, foi Lacan quem, pela primeira vez, estabeleceu a diferença entre a verdade etiquetada pelos filósofos como sendo ora "em si", ora "para si", e a verdade "que fala". Portanto, ali onde essa verdade falava, ele sabia ouvi-la. Isso não implica que estivesse imunizado contra toda interferência

[1] Remeto o leitor ao exame a que Lacan submete a lei da interdição da mentira como imperativo categórico, cf. "Kant avec Sade", in *Écrits*. Paris, Seuil, 1966. [Ed. bras.: "Kant com Sade", in *Escritos*. Rio de Janeiro, Jorge Zahar, 1998.]

de seu desejo ou de contratransferência em suas análises, mas que era nesse caminho, que ele mesmo abrira, que situava sua ação. Ora, nesse caminho da atenção dada à significatividade do desejo inconsciente não se corre o risco de suturar a divisão do sujeito, porque a verdade não fala psicologia.

Tomemos um exemplo que se tornou quase tão famoso quanto as histórias cômicas relatadas por Freud em *Chistes e sua relação com o inconsciente*, já que foi citado em obras difundidas em milhares de exemplares: o do analisando que, depois do fim de sua sessão, retornou para declarar que estava se sentindo "fodido". Ao que Lacan respondeu: "Você não está se sentindo fodido, você está fodido." Ninguém duvida da verdade dessa resposta: um energúmeno que se presta a um ato tão provocativo, para não dizer teatral, é alguém que efetivamente está "fodido". O importante, porém, é que a resposta incidia sobre o ato e não sobre a pessoa. Não se tratava de um juízo categórico, mas de uma proposição condicional: se você se vê assim, então você está fodido. Donde o caráter liberador e quase humorístico dessa resposta. Mas é justamente esse último caráter que nos esconde que, nesse exemplo, ele faz uma interpretação exemplar. Por que essa réplica teria produzido o alívio confessado pelo sujeito, se não se tratasse de uma verdade que emergia sob forma mentirosamente deformada graças à substituição do "eu estou" pelo "eu me sinto"? Essa réplica era uma interpretação verdadeira porque restituía ao sujeito o significante 2, para o qual ele estava representado por um significante 1. A respeito dessas interpretações é que se pode dizer com Freud que "o leão só salta uma vez". Em outras palavras, o que especificava o método ou a prática de Lacan, e que constituiu seu caráter ao mesmo tempo novo e desconcertante no momento em que ele o introduziu, era que ele se endereçava ao próprio sujeito do inconsciente, em vez de pretender falar com o analisando sobre seu inconsciente ou sobre o que se passava no seu inconsciente.

No fundo, o que constitui a particularidade da prática de Lacan é o fato de que, para ele, a verdade não se media por sua conformidade ou não conformidade com a "situação analítica".[2] Ela se significava de dentro mesmo da fala, a título da fantasia a partir da qual a realidade do sujeito se determina. Todos os seus atos estavam baseados no que se pode chamar o cálculo da fantasia, cuja estrutura ele esquematizou no patamar superior de seu grafo.

Isso explica o traço comum que se depreende dos depoimentos que leremos neste livro, apesar de sua extrema diversidade. Alguns autores limitam-se a fazer o relato de sua análise com Lacan tal como a guardaram na lembrança. Outros tentam determinar seu modo de proceder. Outros ainda se propõem a mostrar a legitimidade de sua técnica. Em contraposição, certos autores enfatizam o personagem de Lacan cuja interferência excessiva em algumas análises mostra-se indubitável; ou mesmo nos erros de julgamento, motivados, sem dúvida, por seu gosto pela experimentação, que o fez aceitar certas demandas de análise; outros, por sua vez, enfatizam, antes, o que o sujeito paga de seu narcisismo durante uma análise com Lacan. Ninguém nega que era sempre com "você" que Lacan falava: quase nunca se ouviu um analisando ou um analista em supervisão com Lacan exprimir o sentimento de que, ao se dirigir a ele, Lacan falava de si próprio. O mínimo que se pode dizer é que, na sua prática, Lacan não se enganava de interlocutor.

Moustapha Safouan

[2] Sabe-se o papel que desempenhava a noção de aliança terapêutica nas concepções relativas à técnica psicanalítica que reinavam antes de Lacan, aliança segundo a qual o paciente, graças à parte sadia de seu eu, aceitava, junto com o analista, o que seu discurso comportava de distância em relação à realidade "simples" da situação psicanalítica.

1 | Perguntas a Jean Clavreul

Moustapha Safouan – A prática de Lacan levanta questões complexas que abarcam vários capítulos. Não acha que seria interessante nos falar disso?

Jean Clavreul – Em 1948, aconselhado por Leuba, fui ver os sete sábios da SPP. Foram muito gentis e quiseram saber quem eu era: masoquista, histérico, obsessivo? Com Lacan, encontrei alguém que não se interessava por quem eu era, mas pelo que eu dizia. Isso logo me pareceu bem mais interessante.

M.S. – Sejam quais forem os tropeços em sua prática, o que constituía para todos sua sedução era uma paixão pela verdade que ele distinguia do saber. Por exemplo, quando se dirigia a mim, não se dirigia – como talvez tivesse feito Nacht – ao saber de um candidato, mas a um lugar de verdade, o Outro.

Alain Didier-Weill – Colocar o saber entre parênteses devia ser particularmente surpreendente num homem que, justamente, se dera os meios de não recuar diante de nenhum saber – filosofia, lógica, linguística, teologia?

M.S. – Já muito cedo ele tinha perdido a esperança na ideia ingênua de que a comunicação do saber poderia libertar o paciente do peso do determinismo sobre ele. Foi o que o levou, antes mesmo de sua descoberta de Saussure, a reconhecer, como Lewis Caroll, que a transmissão da verdade passava não pelo significado, mas pelo significante. É o que ele anuncia, entre outras coisas, no discurso de Roma: o sujeito é vítima das significações.

D.W. – Você, que trabalhou muito sobre a questão do passe, você acha que existe uma relação entre a senha [mot de passe] e esses chistes [mot d'esprit], esses "jokes", que nos maravilham em *Alice no País das Maravilhas?*

J.C. – É incontestável que possa haver uma senha construída com base no modelo do chiste, mas isso não basta. O que é decisivo é determinar o que possibilita a um analisando passar de um sistema simbólico a outro. Trata-se de uma conversão, no sentido forte do termo, pela qual há passagem de um sistema simbólico a outro.

M.S. – Lacan dava ao seu pensamento a forma de um chiste.

J.C. – O que você diz permite opor a "conversão" segundo Lacan e a "conversão" buscada pelo professor que procura converter seus alunos para "a" teoria da qual ele se faz porta-voz. Nesse sentido, em relação ao professor, o psicanalista está "alhures", ele tem de ser cético no tocante "às" teorias, inclusive à teoria psicanalítica.

M.S. – Lacan fez com que eu me desse conta de que, com relação à teoria, a gente podia se comportar como o M. de La Palisse.[1] Isso me curou.

[1] "Dizer o óbvio." Quando deparamos com alguma coisa demasiado óbvia ou evidente, usa-se dizer: "é uma verdade de La Palisse" ou é uma "lapalissiana verdade". O sentido provém de uma canção popular francesa, cujo título é "Monsieur de La Palisse", que relata uma história cômica. M. de La Palisse foi um valente capitão morto na batalha de Pavie, em 1525. A canção foi composta na época e o efeito cômico surgiu um pouco por acaso. Os soldados cantavam: "M. de La Palisse está morto, morto diante de Pavie; 15 minutos antes de sua morte, ele ainda estava vivo!" Na verdade, os soldados queriam dizer que ele lutou bravamente até o fim. (N.R.)

D.W. – Na medida em que a transmissão pelo significante chistoso interrompe a monotonia do que se repete, a questão que está implicitamente colocada é a da repetição.

J.C. – Cumpre distinguir o que, pela repetição, condena à besteira daquilo que é algo totalmente diferente: o relógio que repete todas as 12 horas é uma repetição, o que não significa que ele esteja condenado à besteira. Entre nosso nascimento e nossa morte, o tempo humano não é linear, mas cíclico: será que há uma repetição humana mediante a qual, ciclicamente, se recoloca a questão do "Eu sou?".

Numa análise, somos levados a voltar às fases mais antigas, mais anteriores, a ponto de por vezes o analisando chegar a dizer: "É horrível, depois de tantos anos de análise, descubro que sou como um bebê esperando uma mamadeira..."

Na verdade, não se trata de uma simples regressão, trata-se de que se possa pensar o retorno sobre o mesmo e, a partir daí, começar de novo...

D.W. – Qual é a posição do analista que vê uma progressão num tratamento analítico com relação à ideia de progresso na civilização?

J.C. – A alguém que perguntou a Lacan: "O senhor é progressista?", ele respondeu: "Não."

O mal-estar na cultura coloca esta pergunta: os homens de hoje são mais felizes do que há alguns milênios?

D.W. – O que você acha da interpretação que Lacan faz da tendência da IPA a repetir Freud sem inovar: Freud teria confiado sua mensagem à IPA apostando no fato de que ela seria conservada por intermédio do recalcamento?

J.C. – Quando Lacan disse isso, não sei se ele tinha razão, mas tenho certeza de que ele fez de seu genro o depositário de sua obra.

D.W. – Com o passe, Lacan respondia à IPA que talvez existisse uma transmissão da psicanálise sem recalcamento. Você acha que a partir do momento em que Lacan diz que o passe é um fracasso ele é levado a afirmar que, se não conseguiu fazer melhor que Freud, o que lhe resta é fazer como ele: entregar sua obra a uma instituição que, como a IPA, vai conservá-la recalcando-a?

J.C. – Acho que o que Lacan esperava do passe era menos o surgimento de um saber suplementar do que a possibilidade de repensar de outro modo o problema da transmissão.

D.W. – Uma transmissão que reconheceria o constrangimento da citação, da repetição, mas sem se opor ao aparecimento de significantes novos?

M.S. – Acho que há uma estrutura que é atestada na repetição e não se pode, de jeito nenhum, sair dessa estrutura. A questão é saber o que ela é: será possível fazer dela uma lógica, como Lacan fez com as fórmulas da sexuação?

A análise pode fazer com que essa repetição cesse de ser inimiga da vida.

D.W. – Que ela cesse de ser exclusivamente superegoica?

M.S. – É um outro modo de dizer... é o que de melhor se pode conseguir.

J.C. – Quer dizer, refazer a mesma coisa, mas de outro jeito.

D.W. – O termo "insistência", que Lacan às vezes emprega, me parece indicar essa direção em que se misturam o mesmo e o outro. Parece-me que, como clínico, Lacan tinha um verdadeiro gênio para presentificar a alteridade; uma alteridade que, sem conversa-fiada, introduzia uma ética.

M.S. – Acho que a relação dele com o outro (aluno ou analisando) prevalecia sobre tudo. Se, em certos casos, pôde acontecer, como com Laplanche, de ele se tornar intolerante demais – por causa de diferenças teóricas – para manter a relação analítica, deve-se reconhecer que com seus muitíssimos analisandos ele nunca esquecia sua responsabilidade de analista.

J.C. – Laplanche era alguém de quem eu gostava bastante e que eu respeitava. Mas ele tinha assumido uma função universitária que o levava a considerar que o ensino de Lacan era letra morta, letra oferecida a seus alunos para que eles fizessem dela outra coisa.

D.W. – Como se traduzia, para você, o fato de esse ensino estar sempre vivo?

J.C. – Continuei uma supervisão com Lacan até 1980...

D.W. – Ele se dirigia a você na condição de antigo analisando?

J.C. – Na verdade, não... Ele não procurava fazer referência à minha própria história, atinha-se ao que concerne ao lugar do psicanalista.

M.S. – A supervisão era toda uma parte de sua prática. Foi o único aspecto que conheci de Lacan, pois não fui seu analisando. Há muito o que dizer sobre isso. Lembro de um analisando... melancólico... que eu hesitava em atender. Lacan me disse: é o tipo de caso que não se deve hesitar em aceitar... Entendi que, para ele, havia casos que eram um dever aceitar. Claro, aconteceu de ele suscitar forças que não conseguia controlar e fracassou, mas é certo que, a crer nos depoimentos que colhemos, prestou serviço a muita gente. Ele estava a serviço do que fazia como terapeuta.

J.C. – Para Lacan, o essencial era quando tinha um troço angustiante impossível de teorizar: era para lá que se tinha de ir.

Nosso papel é este, temos de nos ocupar com todos os fracassados da ideologia das Luzes. Temos de nos ocupar com aqueles que não se curam segundo o ideal das Luzes, ou seja, basicamente, os loucos... Por isso a obra de Lacan começou com o caso Aimée. Tratava-se não de salvar aquela pobre mulher, mas de acolhê-la, de compreender o que ela tinha de importante a dizer, a fim de que nossa compreensão teórica avançasse um pouco.

D.W. – A banda de Moebius vem dessa reversibilidade entre clínica e teoria?

M.S. – Vem.

J.C. – A prática nos obriga constantemente a um trabalho de teoria, e é bem mais difícil que o contrário, quando a teoria ajuda a entender tudo dos pacientes.

D.W. – Você quer dizer que há um momento particular em que o analista, diante de seu paciente, é abandonado pela teoria?

J.C. – É o momento fundador de tudo: é o que não entendem os dogmáticos, os ortonoicos que explicam tudo.

D.W. – É um modo de dizer que todo analista é um pioneiro?

J.C. – Sem dúvida... Ele sempre tem de recomeçar.

D.W. – Ouvi você dizer uma vez que uma supervisão era, no melhor sentido do termo, uma experiência de passe.

J.C. – Confirmo: trabalhei isso com Lacan, e ele estava totalmente de acordo.

D.W. – Proximidade subjetiva do supervisionado e do passante?

M.S. – A supervisão é o melhor meio de ser confrontado com sua posição de analista... Será que vem daí o interesse de Lacan pelo fim da análise? Será que a própria ideia de fim da análise é uma ideia de momento terminal? Tudo isso deveria voltar a ser discutido.

J.C. – A ideia de fim de análise é absurda.

M.S. – Totalmente.

J.C. – As pessoas que dizem ter terminado sua análise não querem mais se indagar, como se sua análise estivesse morta.

D.W. – Quando uma análise é concluída, se há queda do saber, a transferência se torna o quê?

J.C. – Serão tantas as formas de colocar o problema quantos forem os casos...

D.W. – É comum ouvir dizer que não há mais transferência.

J.C. – É um absurdo... A transferência sempre possui enorme dimensão.

M.S. – Com relação a isso, o ponto em que estou atualmente é o seguinte: tudo o que se diz sobre travessia da fantasia, depreciação do sujeito suposto saber, superação do complexo de castração, queda dos ideais... tudo isso me parece um modo de descrever algo que acontece, na medida em que se trata de uma aproximação da verdade. Mas, transformar essa aproximação em finalidade é um delírio. Porque isso não quer dizer que esses termos conceituais descrevam um fim ao qual se deva chegar.

J.C. – Você tem toda razão. Isso me faz pensar que às vezes vimos que a supervisão podia ser percebida como meio de vigiar os jovens analistas.

Faz 15 anos que não pertenço a nenhuma associação e, portanto, não acompanho ninguém em seu percurso: como é possível que todas as semanas eu tenha de 30 a 40 sessões de supervisão? Será que isso não significa que um certo número de pessoas está interessado não em reconhecimento pessoal, mas em outra coisa?

D.W. – É animador.

J.C. – Isso dá uma outra visão do que pode ser a psicanálise. Quando, em 1976, na conferência que fiz sobre supervisão, decidi nunca mais fazer uso de minha influência para que alguém fosse institucionalmente reconhecido, isso não impediu as pessoas de virem falar de tropeços em sua prática: "Estou chateado, a coisa não anda..." Lembremos dos primeiros relatos de análise feitos por Freud, eram geralmente relatos de fracassos.

D.W. – Pode-se dizer que Freud era um praticante da "neutralidade benevolente"?

M.S. – Não acho. Às vezes a responsabilidade do analista implica ele poder sair da neutralidade para dizer certas coisas. Penso em uma analisanda de Marguerite Little que chorava sem parar por causa de um luto insuperável. Um dia, sua analista lhe disse: "Estou aflita com você." Isso tornou possível que a analisanda retomasse a análise. Enquanto a analista se mantinha na "neutralidade", havia um anteparo que impedia o ato analítico.

D.W. – Você poderia dar um depoimento sobre o estilo de atuar que Lacan adotou com você?

J.C. – Quando comecei com Lacan, sofri uma longa internação que deveria ter interrompido a análise. Não foi o caso, pois Lacan foi regularmente, umas 20 vezes, ao hospital para nossas sessões. Na época, aquilo não me surpreendeu, mas hoje me pergunto quem agiria desta forma.

Outro exemplo: no momento mesmo em que fui condenado nas colunas do jornal *Le Monde* por um artigo assinado "Lacan" – como muitos, estou convencido de que ele era incapaz de tê-lo redigido –, ele me encaminhou Richardson, pessoa de prestígio, para me dizer com isso que o que ocorria entre nós era algo diferente desse pequeno jogo ridículo do *Monde*.

Junto com esse texto do *Monde* – que era muito maldoso, muito organizado, fomentado por uma malícia que não fazia o jeito de Lacan – recebi, logo depois da publicação de meu próprio artigo no *Le Monde*, uma carta corajosamente anônima que me dizia, em substância: "Raposa velha, a gente vai tirar a tua pele, o velho leão voltará a se erguer e te dará um corretivo." Não tenho nenhuma dúvida sobre a origem dessa carta.

D.W. – Qual é a última imagem que você tem de Lacan?

J.C. – Houve uma última sessão em que constatei que ele estava cansado demais. Saí do consultório dele e, quando estava atravessando o pequeno pátio, ele abriu a janela e gritou: "Até logo, Clavreul."

2 | Lacan, o espantoso

Nesta noite, ao escrever estas poucas páginas sobre Lacan, brotou uma avalanche de lembranças cujo fio é a intensidade: com Lacan tudo era intenso, o instante do encontro, do até logo, da sessão. Nunca a monotonia, nunca a dimensão do hábito.

A crer nos meus sonhos, nunca pude nem quis fazer o luto dessa intensidade: regularmente Lacan os utiliza para me fazer uma visita. Com esse interlocutor de sonho o diálogo continua, ele me faz perguntas ou às vezes me diz coisas completamente espantosas.

No seu retorno a Freud, Lacan não reatualizou apenas o alcance da mensagem freudiana. Eu diria que ele amplificou o caráter profundamente espantoso do que Freud anunciava ao formular, para além da questão inconsciente da identidade sexual – quem sou? –, esta questão radical: "Sou? Sou, então, um ser falante?"[1]

[1] No original, *parlêtre*, um neologismo de Lacan, que une "*parlant*" e "*être*" ou "*être parlant*", "ser falante". (N.R.)

De que modo Lacan transmitia essa questão? Ao encontrar o meio de demonstrar para vocês que essa coisa – a fala –, que lhes parecia tão evidente quanto pareceu evidente, durante milênios, o fato de uma maçã cair no chão, podia, uma vez esvaziada a evidência, parecer-lhes absolutamente espantosa. Essa capacidade de se espantar com o que ainda não nos espantava fazia desse homem espantado um homem que se tornava espantoso: se você, por seu modo de entrar em análise, tendia, pelo que já sabia, a ficar atento ao fato de que o que fosse dito poderia revelar determinado pensamento inconsciente ou determinada fantasia, eis que esse homem se mostrava espantado com o fato de que, para além do que você tivesse dito, havia um dizer, uma existência *x*, que não remetia a nenhum outro real além daquele que fora trazido à existência porque você tinha falado. Esse dizer estava, sem dúvida, articulado à forma como, na sua história singular, você tinha sido levado a assumir um sexo. Mas, para além dessa transferência histórica descoberta por Freud, um outro tipo de transferência, anistórica, estrutural, entrava em funcionamento, porquanto você era levado a descobrir que, antes do encontro histórico do objeto fantasístico, um encontro anistórico com a significância tinha feito em você um furo estrutural que o predispunha a assumir o ato assombroso mediante o qual o mamífero humano tinha se separado do instinto animal para se abrir para a pulsão falante.

A maneira pela qual Lacan era guiado em sua prática por esse real do furo levava-o a assumir um paradoxo: ele, que reconhecidamente frequentava com paixão as produções do saber humano (filosofia, teologia, lógica, matemática, linguística, literatura...), lhe mostrava, na prática do tratamento, que seu interesse mais fundamental era suscitado menos pelo saber do que por esse furo no saber, por esse real que o fazia dizer: "Falo sem saber o que digo."

Contudo, o fato de não haver saber sobre o "eu" que fala não significava que não havia saber-fazer para favorecer a emergência desse "eu". Nesse ponto, não me parece excessivo dizer que, na sua prática de analista praticante, ele tirava consequências práticas da descoberta teórica de Freud sobre a censura.

A esse propósito, é impressionante observar que, se a teoria de Freud se deparou com a censura social de seu meio vienense, a prática de Lacan, por sua vez, suscitou a censura dos psicanalistas da IPA. Em que sentido essa prática era um colocar em prática a descoberta de Freud sem, no entanto, deduzir daí consequências na sua técnica?

No seu trabalho sobre o chiste, Freud descobre que a alegria proporcionada pela transmissão da espirituosidade da palavra deve-se ao fato de que, nesse tempo de sideração particular, a censura fica propriamente siderada. Nessa perspectiva, ele fornece inúmeros exemplos extraídos, em geral, das histórias judaicas com que se deleitava. Nelas, o eterno diálogo entre os dois compadres é concluído com o fato de que um deles é siderado por uma réplica que acerta o alvo e que me parece o próprio símbolo da famosa escansão lacaniana.

A escansão é, pois, a introdução de um significante que tem o poder de levar a termo, à sua conclusão lógica, mais que cronológica, um diálogo que, sem isso, poderia durar indefinidamente: privilégio de todo diálogo de surdos. A produção de uma abertura na surdez que faça ouvir, para além da surdez, o aparente absurdo siderante de um chiste – o qual possibilita o advento de um bom entendedor que pode saudar o aparecimento da *dritte Person* – era o que Lacan buscava na prática da escansão siderante.

Acho que ainda não se entendeu o suficiente em que a escansão se diferencia da interpretação freudiana. Se, por um lado, esta só poderia ser dita *uma vez* e visava à questão do desejo recalcado, aquela tendia a insistir de forma comparável à insistência da pulsão rítmica.

O paradoxo do ritmo pulsional é fazer ouvir um tempo, um suingue, cujo caráter repetitivo nunca é vivido como repetição monótona, na medida em que o primeiro tempo do tempo rítmico tem o estranho poder de jamais ser idêntico a si mesmo, de ser a cada vez radicalmente novo, como se surgisse do *ex nihilo*.

Sobre o caráter insistente da escansão, eu diria que, por sua própria estrutura, ele visa menos a ultrapassar o recalcamento secundário (que é do campo da interpretação) do que a passar o reconhecimento da estrutura temporal do sujeito do inconsciente.

O dever de advento desse sujeito, *soll ich werden*, de fato não remete a um advento que se daria de uma vez por todas: a ideia – que às vezes encontramos em Freud – de uma conquista da razão, que substitui a obscuridade do isso pelo império estabilizado de sua luz, era, me parece, um resto de sua admiração incondicional pelas Luzes do século XVIII.

A questão da escansão está relacionada com o fato de levar em consideração que o modo peculiar do trajeto no inconsciente requer tempos lógicos de transposição que são outras tantas escansões específicas que têm por efeito transpor esse obstáculo interno que é a censura. A possibilidade de diferenciar vários supereus implica a insistência da escansão.

Uma vez que o supereu – olho da consciência – encarna essa presença silenciosa cujo olhar de medusa transmite esta mensagem: "Você não passa disto, um objeto que não tem nenhum dever de palavra", uma vez que ele caiu dessa palavra, o sujeito fica, assim, dividido entre o mandamento simbólico ("devém palavra") e a injunção superegoica de não-devir.

O tratamento analítico, na perspectiva da escansão lacaniana, coloca em jogo essa divisão: é a oportunidade de descobrir que uma parte do supereu permanece indefinidamente siderável pelo poder da escansão que, contrariamente à interpretação, deve, sessão após sessão, fazer ouvir a pulsação ritmada que abre a porta da censura; se, para que uma porta se abra, você bate três vezes, "toc toc toc", é porque esse "três" é a essência do ritmo que vai abolir essa porta que é a censura.

No entanto, uma parte derradeira – correspondente a um ponto de foraclusão estrutural – resiste, talvez para sempre, à simbolização. Quanto a isso, a dialética discurso universitário/discurso do mestre nos introduz nesta problemática: que o sujeito, enquanto estiver no discurso universitário, não possa advir ao "dever" de devir não significa que ele não possa mais fazê-lo.

A eficácia da escansão siderante é precisamente o que o modelo de censura próprio a esse discurso pode levantar para expor o sujeito ao devir.

Em contraposição, eu diria que o que é próprio do discurso do mestre está relacionado ao fato de que ele já não pode mais se expor ao devir, devido a um consentimento definitivo ao gozo da injunção superegoica: "Sê objeto do gozo do Outro: não devenha mais."

Ainda assim, se a escansão – diferente da interpretação – deve insistir, é porque o sujeito só advém como tal, por meio de diferentes transposições do supereu, expondo-o, segundo três tempos lógicos, primeiro a existir, depois a insistir (para que o dizer não se desdiga) e, enfim, a perseverar. Esses três tempos lógicos são aquilo pelo qual o tempo humano só se mostra mediante uma pulsação rítmica que, desarmando a fixidez do supereu, arma ao mesmo tempo brincadeiras com ele.

Essa pulsação viva me parece a essência da pulsão originária que, segundo Lacan, o analisando pode, para além da fantasia, encontrar no fim da análise. Portanto, fim da análise situável como surgimento de uma nova relação com o tempo:

tempo que já não é o da culpa freudiana, mas, antes, aquele em que se conjugam o trágico humano e o entusiasmo. Vejo a capacidade de encontrar o riso dionisíaco no próprio seio do trágico como o efeito dessa Outra relação com o tempo que é, a meu ver, a sublimação da pulsão.

Paradoxo deixado por Lacan: foi por ter introduzido no tratamento uma prática da escansão visando a siderar a censura que ele encontrou, em troca, uma censura institucional que evidencia que atacá-la não é algo que se faz impunemente.

Se a escansão é uma das maneiras de Lacan lidar com a censura, outra é seu estilo de escuta. O modo como ele associava, clinicamente, um espantoso respeito pela singularidade do sujeito disposto a falar era aclarado pela falta de respeito que ele podia manifestar pelos psicanalistas que cedessem a qualquer presunção que fosse.

Pelo estilo de sua escuta, Lacan tendia a não opor nenhuma resistência, como se fosse possível existir uma escuta sem limites. Aconteceu de eu questionar a dimensão de tal ilimitado: seria possível um analista apagar em si todo supereu, a ponto de não haver nele mais nenhum ponto de surdez? Se assim fosse, se o analista pudesse escutar tudo, perguntei-lhe um dia, por que ele achava ser preciso, em geral, na opinião dele, um segundo segmento[2] de análise? Ele me respondeu: "Posso escutar tudo o que você diz se houver o não-tudo no que escuto." Isso significava que seria possível não ser surdo a um dizer que furasse indefinidamente todos os enunciados do dito?

Quero trazer alguns exemplos concretos que evidenciem de que modo Lacan podia não resistir. Podia, no caso, aceitar certas propostas que fui levado a lhe fazer de inovar em alguns pontos a condução do tratamento: aceitou, por exemplo,

[2] No original, a palavra utilizada é *tranche* ("fatia") *d'analyse*; em seu lugar, optou-se pela palavra "segmento" de análise. (N.R.)

o pedido que formulei num momento dado de fazer, dentre as nossas sessões, ao menos uma semanal, por escrito. Assim, durante dois anos, enviei pelo correio sessões escritas, junto com uma nota de 500 francos.

Outro exemplo. Quando concluí minha análise com ele e me propôs prosseguirmos nosso trabalho com uma supervisão, fiz a seguinte contraproposta, que ele aceitou: será que poderíamos tomar "em supervisão" tanto o analista Lacan que me analisou durante dez anos quanto o analista que eu tinha me tornado naquele tratamento? No caso, será que seria possível, no só-depois, formular questões teóricas a partir do saber inconsciente revelado aos dois pela experiência compartilhada? Mais particularmente, questões às quais a teoria de Freud e a de Lacan pareciam não responder?

Foi com esse procedimento, possibilitado por Lacan, que aprendi tudo o que sei do inconsciente. Por outro lado, aquela foi a oportunidade de compreender o que para ele era o passe, esse tempo mediante o qual um devindo analista tinha não de inventar a psicanálise – isso já estava feito –, mas de fazer passar sua forma de reinventá-la.

Concluirei evocando, a partir de um exemplo, certos aspectos da prática de Lacan que são criticados em alguns meios. Trata-se do modo como ele, em várias ocasiões, criava passarelas entre o íntimo do consultório e o que se passava fora – em particular, no seu seminário ou na Escola Freudiana. A circulação entre o íntimo e o exterior tendia a produzir um "êxtimo" que levantava esta questão: seria esse "êxtimo" de ordem analítica?

Eis um exemplo a partir do qual essa questão pode ser pensada: quando, numa sessão, evoquei meu desespero diante do fato de o Conselho de Estado ter acabado de recusar – pela terceira vez, em 15 anos – meu pedido de recuperação do sobrenome "Weill". Eu o tinha perdido depois que meu pai, assim como certo número de judeus traumatizados pela guerra, tinha acreditado dever abandonar seu sobrenome para deixar seus descendentes ao abrigo de um possível retorno de medidas antissemitas.

Naquele dia, abandonado pelo Estado e seu Conselho, ao qual eu agora já não podia recorrer, disse no divã que já não me restava outro recurso senão decidir, sozinho, que me chamassem "Didier-Weill". "Trata-se de dizê-lo!", disse Lacan para concluir a sessão. Sim, tratava-se de dizê-lo. Mas, como e para quem?

Três dias depois, houve um colóquio na Escola Freudiana de Paris, onde eu deveria fazer uma intervenção. Naquele dia, Lacan, presidente da sessão, me convida para subir à tribuna quando chega minha vez de falar: "Didier-Weill, a palavra é sua!" Como ele dissera três dias antes, tratava-se de dizê-lo, e ele acabava de fazer isso. Ele acabava de nomear um nome que já não tinha validade e que, por esse fato, deixava de não ter validade.

Dirão, como houve quem me dissesse na época, que ao contestar assim, publicamente, a censura do Conselho de Estado, Lacan estava fazendo não análise, mas política? Ou que, ao se pôr no lugar da lei, assumia um lugar megalomaníaco? Ou diremos que a vocação da psicanálise em intenção é encontrar, à maneira do chiste, sua espantosa extensão?

Ética do espanto, que nos leva de volta ao começo de minhas palavras.

Alain Didier-Weill

3 | Observações sobre a prática institucional de Lacan

Não sei se Lacan inaugurou sua relação com a psicanálise mediante uma exposição teórica que anunciava a importância que ela viria a ter em seguida ou se começou – como muitos de nós – por uma prática, sem dúvida um pouco prematura, do tratamento. O que sei é que ele se viu convocado a um triplo lugar, prática da poltrona, conceituação e, como todos os que se sentem muito comprometidos na aventura com o inconsciente, transmissão da psicanálise com responsabilidades institucionais e políticas no movimento psicanalítico. Por esse viés é que vou tentar captar alguma coisa da prática de Lacan, porque me parece possível formular a hipótese de que não há contradição entre a sua prática de analista, a sua prática de teórico e a sua prática institucional. De todo modo, parece-me que no caso de Lacan não se observa contradição entre esses três registros.

Intitulei meu texto "Observações sobre..." porque, claro, não tenho muitas condições – supondo que alguém tenha, mas não estou certo – de traçar um quadro do que seria *a* prática institucional de Lacan. Somente ele poderia ter dito alguma coisa a respeito; parece-me que não o fez de modo sintético e estou certo de que já não o fará. Portanto, é um testemunho, marcado com o selo de minha subjetividade, que me leva a orientar uma reflexão a partir de dois segmentos – de igual duração – de percurso na psicanálise: 23 anos antes da dissolução e 23 anos depois da dissolução. Coloco esses dois tempos de meu percurso em perspectiva na medida em que foi, sem dúvida, no só-depois que pude interrogar mais vigorosamente e do modo mais proveitoso o que aconteceu no primeiro período (ou seja, entre 1957 e 1980), durante o qual, ouso dizer esta palavra, aproveitei desse fogo de artifício intelectual que ocorria em Sainte-Anne, na *rue* Claude Bernard, na Faculdade de Direito, num certo momento na *rue* d'Ulm, durante o qual tive, de certo modo, a experiência do que pode ser um tratamento analítico: dificuldade de estar nessas duas posições, analisando e ao mesmo tempo dentro de um coletivo que se reunia em torno do ensino de Lacan. Não era uma dificuldade só minha, era compartilhada pela maioria das pessoas de minha geração. Acho que Lacan levava muito em conta essa dificuldade.

Que dizer do modo como ele a considerava? Levava-a muito em conta, já que a vida institucional de seus analisandos – para dizê-lo brevemente – estava ritmada, por um lado, pela experiência deles do divã; por outro, por seu seminário e, para alguns, também pela apresentação de doentes. A prática institucional de Lacan parte de seu seminário, de sua construção de uma escola freudiana e de sua apresentação de doentes. Claro, a fundação da Escola Freudiana de Paris não surgiu do nada. Sobre o que a precedeu, não faltam documentos; não fui verdadeiramente testemunha disso e, portanto, não será esse o objeto de minhas palavras. Sobre o que aconteceu no momento mesmo da dissolução, embora eu estivesse presente naquele momento e, por conseguinte, fosse testemunha, de certo modo ator, careço de elementos objetivos que me permitam falar de outra maneira que não seja de uma forma totalmente subjetiva dos efeitos que aquilo teve para mim.

Comecemos, pois, pela fundação, em 1964. A Escola Freudiana de Paris comportava uma originalidade: as pessoas se apresentavam em cartéis. Gostaria de lhes dizer uma palavra sobre isso – não que o cartel seja a coisa mais marcante e consistente que Lacan nos deixou; vocês sabem que essa estruturazinha é escorregadia como uma enguia e que muitas vezes só conseguimos apanhá-la quando ela perde suas escamas, isto é, no fundo, seu brilho e sua aparência. O cartel é uma estrutura interessante, é sempre aleatória e produz, quando funciona, uma pesquisa marcada pelo selo de uma transferência de trabalho. Se Lacan se empenhou em propor essa inovação foi porque, efetivamente, ela permanecia arraigada no que estava sendo feito naquele momento, por volta de 1964, no que era um desafio muito importante e que, aliás, seria retomado em outras inovações que ele apresentaria em seguida, quer se tratasse do passe, quer se tratasse do "não assinado" na *Scilicet*. Encontramos nisso uma das formas de Lacan, de certo modo, tratar do real e do gozo (Colette Soler aborda o "tratamento lacaniano do gozo" neste livro [p. 112]). Pois bem, acho que, nas diferentes inovações desse tipo, Lacan tratava do gozo. A respeito do cartel, indiquei que encontramos no ato da fundação da EFP a primeira referência à noção de cartel, em 21 de junho de 1964. O módulo é definido: um pequeno grupo de no mínimo três e no máximo cinco pessoas, mais uma. O objetivo é fixado – um trabalho sujeito a um controle interno e externo – e a incumbência do "mais um" é estabelecida: seleção, discussão e definição do destino do trabalho de cada um. Embora o fundador da EFP indique que ele tem um nome para designar esses grupos, adia seu anúncio. O significante "cartel" aparecerá apenas numa nota anexada ao ato de fundação, texto complementar, manual do usuário que comporta sete itens. É no quinto item, intitulado "Do ingresso na Escola", que a palavra é revelada, no meio do primeiro parágrafo: "... o grupo constituído por escolha mútua e que se chamará 'cartel' apresenta-se para minha aprovação com o texto de trabalho que cada um tenciona levar adiante nele."[1] Ato de nomeação e ato de nascimento são, portanto, dissociados de um texto para o outro. Entendo essa defasagem não só como um efeito do autor, mas como uma intervenção, uma palavra de analista, uma "escansão".

A intervenção do terceiro representado pelo "mais um" tem, a meu ver, a função de não tornar esse módulo institucional contraditório com a ética do tratamento. No que concerne à outra inovação, um tanto controversa, da ausência de assinatura nos artigos publicados na revista *Scilicet*, creio que deva ser entendida assim. Evidentemente, não é para que ele mesmo tenha o privilégio narcísico de ser o único a assinar, é para que os autores, aqueles que, afinal, se apresentam como sujeitos, tenham de lidar com algo que está no âmbito da perda e da falta, da perda do nome próprio ou, mais exatamente, do deslocamento dessa identidade para uma identidade de escola. Acontece que foi Lacan quem fez essa proposta e essa escola era a de Lacan. Se, porém, eliminamos o nome próprio de Lacan, parece-me que sua proposta fica interessante. Justificações como "mais facilidade para invocar o pessoal na prática" ou então "redução dos efeitos de grupo" são importantes, mas, em todo caso, não têm o efeito de escansão analítica que tinha a proposta do "não assinado", que efetivamente funcionou para

[1] Aqui há um erro no original. No documento citado, lê-se "título do trabalho", cf. J. Lacan, *Outros escritos*. Rio de Janeiro, Jorge Zahar, 2003, p.241. (N.T.)

alguns de nós. Existem pessoas muito apegadas ao nome e à assinatura, existem outras para quem a ausência desse nome constitui um certo alívio. Reconheço que eu estava entre essas últimas.

A respeito do passe, mencionarei dois fatos que vão no mesmo sentido. Vocês sabem que a eleição para o primeiro júri do passe, em 1969, foi feita mediante uma votação particular submetida ao que se chama efeito Condorcet.[2] Espontaneamente, não sou receptivo às explicações matemáticas, mas assim mesmo entendi, porque paguei o pato, que esse mecanismo de ponderação que se chama efeito Condorcet tem certa ressonância no princípio cristão segundo o qual os primeiros serão os últimos e os últimos serão os primeiros: portanto, tive o azar de ter um número de votos suficiente para ser incluído nesse júri e o efeito Condorcet me pôs em primeiro lugar na lista dos que não seriam incluídos. Não acho que Lacan tenha escolhido esse mecanismo de votação para meu uso pessoal; o que posso dizer é que esse azar também teve um efeito totalmente decisivo de escansão analítica, pois eu tinha mesmo muita vontade de estar naquele júri e isso pelas piores razões: um pouco de pose, um pouco de *voyeurismo*. Logo, nada de eleição para o júri do passe.

Segunda anedota: alguns anos depois, dois anos mais ou menos, sou candidato ao passe e, sabe-se lá por quê, sou nomeado. Entre o momento em que lancei minha candidatura, aquele em que encontrei os passadores e aquele em que fui informado dessa nomeação, passaram-se meses, pouco menos de um ano, tempo suficiente para que eu acabasse não por esquecer, seria um exagero dizer isso, mas para que deixasse de pensar no assunto. Tinha me acostumado a ser um candidato a quem não se responde de imediato. O modo como me

[2] Mecanismo que coloca em xeque a regra da maioria. [N.E. francês.]

foi respondido me embasbacou, porque me pareceu, num primeiro momento, completamente despropositado; num segundo momento – que persiste até hoje –, me pareceu um meio de retomar o efeito Condorcet, caso ainda me restasse algo da lisonja imaginária que uma nomeação pode comportar. Para obter esse efeito – minha hipótese é essa – a nomeação me foi anunciada pelo próprio Lacan; na época, eu ainda estava em supervisão com ele e, portanto, um dia, meses depois daquela candidatura, Lacan me recebe com um sorriso absolutamente pouco habitual, muito gracioso, e me convida para sentar dizendo: "Dumézil, daqui em diante você é um dos nossos." Não entendi o que ele queria dizer: considerava que já fazia tempo que eu era membro dessa Escola, analisando, analista. Ele nota minha perplexidade e me diz "Sim, sim, o júri o nomeou AE".[3] Uma vez mais, não tenho como saber se, afinal de contas, o próprio Lacan – em algum lugar ele fala da comunidade dos analistas – achava na época que havia realmente uma confraria e que eu acabava de entrar nessa confraria, assim como se entra no Lions Club. Acho que não. Muito me espantaria. Supus, portanto, que, de certo modo, ele cravava o prego no meu narcisismo, que, como ele, acho, já constatara, tinha sofrido um golpe fazia tempo. Suas palavras equivaliam, me parece, a dizer: "Sobretudo, não se tome por um grande Outro, você está simplesmente sendo aceito como AE da EFP."

Gostaria de dizer ainda uma palavra sobre o modo como Lacan tratava o analítico na instituição. É sobre a montagem dos títulos na Escola. Havia os analistas praticantes (AP), os analistas membros da Escola (AME) e os analistas da Escola (AE). Isso remetia à clássica diferenciação entre estagiário, associado e titular. Claro, não era nada disso. A estrita definição dessas diferentes categorias de membros subvertia completa-

[3] Analista da Escola.

mente a ideia de *gradus*. Era feita para isso. Não havia ordem preestabelecida para se ter acesso a esses títulos. Ser AE não implicava, em absoluto, portar este ou aquele outro título. Declarar-se psicanalista era a razão do título de analista praticante; o de AME dependia de uma competência; o de AE dependia de uma performance. É fácil perceber que se, por algum descuido, esses três títulos tentassem aqueles que estivessem buscando honrarias, eles perderiam a viagem – de fato, bem decepcionados: como ser incauto em relação a um título que você mesmo se concedeu (AP), ou em relação a um título que só vale competência (AME), quando há os que voam nas altas esferas da performance (AE)? Quanto a estes, os AE, que se aventuraram nessa esquiva da análise didática, sua qualificação de analista da experiência da Escola não valia a habilitação de praticante. Cada sigla – AP, AME, AE – remetia o portador a ficcionalizar a própria noção de título. Tratava-se apenas de colocar em perspectiva as três categorias de membro, e cada um podia sentir, como analisando, o sentido ético da impossibilidade estrutural de uma habilitação totalizadora.

Esse tratamento lacaniano do gozo não seria justamente o uso da ficção? "O impasse", diz ele em algum lugar, "secreta as ficções que racionalizam o impossível do qual ele provém. Não as digo imaginárias, leio nelas o convite para o real que lhe corresponde." A ficção assegura uma maneira de amarrar na linguagem as categorias Real, Simbólico e Imaginário. A ficção exprime, para o sujeito, a ligação entre o real e o simbólico, enquanto o semblante faz passarela com o imaginário, entre princípio de prazer e princípio de realidade. Deus sabe que, na vida dos grupos, esses dois princípios se enfrentam e regem os conflitos e as rivalidades que vocês conhecem.

Eu diria que a prática institucional de Lacan, em conformidade com seu ensino teórico e sua prática analítica, consistia, no fundo, em possibilitar essa amarração entre o real e o simbólico e – a partir de contradições, a partir das coexistências inerentes à vida dos grupos – instaurar para-imaginários, assim como se diz para-fogos, e amarrar borromeanamente (foi assim que ele expôs no final de seu ensino o que constitui a especificidade de um percurso analítico) os três registros do imaginário, do simbólico e do real.

Claude Dumézil

4 | Supervisão com Lacan

Em 1969, acabo de chegar em Paris a fim de dar prosseguimento à minha formação analítica. Eu estava em supervisão com Jean Clavreul e este me aconselhara com empenho a fazer a segunda supervisão com Jacques Lacan, acrescentando: "Ele é incontornável." Com apreensão, marquei uma hora.

Estou instalado em uma das duas salas de espera hipercheias quando Lacan aparece, seu olhar percorre a assistência e se detém em mim com um sorriso acolhedor. Levanto-me rápido, acreditando ter sido eleito. Sua mão faz um gesto lateral para uma outra pessoa: "Venha, meu caro", diz ele. Estupefato, fico suspenso por um breve instante, depois me resigno a sentar de novo e a continuar esperando.

Uma segunda vez, ele nota minha impaciência e, para meu grande espanto, repete a cena. Fico sentado, decidido a evitar qualquer risco de ambiguidade e de equívoco. Coisa que só se consegue entender no só-depois. Na prática de Lacan, o equívoco é central em toda intervenção, para deixar a porta aberta para o surgimento do inconsciente, assim como a ambiguidade, para deixar bem clara a divisão do sujeito perplexo. Por exemplo: "Pergunto-me se esta análise é possível." Resposta: "Eu não disse impossível."

Por fim, acabo sendo designado e sigo Lacan para dentro de seu consultório. Uma vez diante dele, ele me fixa com seu olhar claro e límpido, perscrutando minha expressão:

– Então, meu caro? – diz ele.

– Bem, senhor, vou me apresentar, sou médico de origem libanesa... Neuropsiquiatra.

– Oh, que alívio, o acaso faz das suas. Diga-me, meu caro, existe alguém em Beirute que faz psicanálise?

– Existe, sim, um médico no cargo faz dois anos. Ele se chama doutor As, mas não é da sua Escola. É do Instituto.

– Pouco importa – ele responde –, me dê o endereço dele.

– Não tenho aqui, posso arrumar para a próxima vez.

Curioso, faço-lhe esta pergunta:

– Será que posso saber por quê?

– Não há segredos para alguém da profissão. Atendo, no meu consultório, uma jovem com uma neurose obsessiva. Ela mora na África, no Senegal, está de passagem por Paris e vai voltar para Beirute, de onde é originária. Fui obrigado a segurá-la por alguns dias, pois sua neurose me parecia grave e eu não sabia a quem encaminhá-la. Pela força da urgência, fui levado a vê-la com bastante frequência, duas vezes por dia, para desestabilizar seu sintoma e impedir uma fixação que ameaçava tornar o trabalho difícil. Quando atendi essa mulher, acompanhada da mãe, ela me contou que sofria do que chamam "mania de limpeza". Ela lava as mãos várias vezes por dia, muda os lençóis quatro ou cinco vezes – a ponto de o hotel ter pedido a ela que fosse embora –, evita todo contato corporal que possa "contaminá-la". Casou-se há três anos, mas não pôde estabelecer nenhuma relação sexual com o marido, porque a menor tentativa desencadeia uma angústia insuportável. O marido, desesperado, abandonou a jovem esposa à sua sorte, e a família, temendo um escândalo na cidade africana em que ela mora, uma comunidade bastante fechada, decidiu mandá-la para Paris para consultar um psiquiatra.

Depois, ele perguntou o objetivo de minha visita e me explicou que começaríamos a supervisão na próxima vez. "No começo", disse ele, "serei pedagogo. Depois, será outra coisa."

Vinte minutos após o início dessa primeira entrevista, evoquei a questão do dinheiro. Expressei-lhe claramente minha situação: "Só posso pagar 100 francos." Lacan concorda. Soube depois que Lacan avaliava o preço de uma sessão em função dos seus efeitos no tratamento. Por exemplo, na minha volta do Líbano – de onde vim arruinado, em 1975 –, só podia pagar 50 francos por minha supervisão. Ele aceitou, com a condição de voltar à antiga tarifa quando a situação se normalizasse. A supervisão durou 12 anos.

Lacan operava de imediato e a partir do que eu lhe contava, para me fazer sentir minhas dificuldades pessoais ou me esclarecer sobre o que podia me escapar na apreensão do caso em questão.

O primeiro caso que lhe expus foi o de um jovem de 28 anos que se queixava de uma síndrome de fracasso. Engenheiro de profissão, não conseguira se estabilizar em nenhuma sociedade. Estava desempregado havia dois anos; a cada vez, a interrupção de seu trabalho ocorria após um conflito insuperável com seu superior. Decidiu fazer análise: quis o acaso que antes de chegar até mim ele passasse por Lacan.

Lacan, que estava desejoso de fazer sua análise, perguntou-lhe quanto ele podia pagar. "Cinquenta francos", respondera ele. Lacan imediatamente aceitou. Mas o jovem me disse que tinha medo de voltar lá. Lacan lhe telefonou, insistiu que ele voltasse. O jovem hesitou e finalmente preferiu consultar alguém mais modesto – ou mesmo novato, como eu.

Era um rapaz inteligente, muito instável, que se angustiava ante a menor contrariedade. Lacan se lembrava muito bem dele e uma vez me disse, na saída: "É um caso muito difícil, mas isso não quer dizer que você não possa atendê-lo."

Durante essa análise, que durou dois anos, lembro-me de uma intervenção operante. Alguns dias depois do início do tratamento, ele me contou um sonho: viajava numa caminhonete dirigida por seu pai e um tigre os perseguia. Sua angústia crescia à medida que o animal se aproximava dele, até que, estando bem próximo, constatou que era um tigre de papel. Acordou angustiado e aliviado.

Quando comentei que via nesse sonho um começo de transferência, desencadeada não no modo do amor, mas no de um significante odioso, angustiante e não controlável, Lacan terminou a sessão me fazendo sentir sua concordância e sua satisfação. A partir desse sonho, é possível constatar sobretudo a modalidade da transferência e a razão da escolha de seu analista.

O jovem me contou um outro sonho que se revelou ainda mais determinante e mais esclarecedor sobre a posição do sujeito: ele se via morrer e faltar para seus pais, ainda mais porque era filho único; o pai dizia à mãe, para consolá-la, que sempre poderiam fazer outro filho. Esse sonho evocava uma lembrança de infância: sua mãe tinha tido um gato ao qual era muito apegada e cuja morte a deixara muito triste; para consolá-la, seu pai lhe dissera: "Não fique chateada, vamos comprar outro."

Quando lhe relatei esse comentário, Lacan se levantou com entusiasmo: "É exatamente isso!" A explicação dessa frase do pai só apareceu mais tarde, quando esse analisando se pôs a descrever a atitude calculista do pai: para este, tudo era calculado; as relações com os outros, a educação, as despesas (a ponto de comentar o desperdício de dar descarga duas vezes). Na família, esse sujeito era, aos olhos do pai, reduzido a um número, "um", que podia ser substituído, caso viesse a faltar.

Em outras palavras, ele se construiu a partir de uma fantasia enquanto "um" na série do cálculo paterno, onde o "dois" sempre podia tomar seu lugar em caso de ausência. O que estava ocultado, descartado, era toda a dimensão subjetiva, ocultação que reaparecia na sua posição social e profissional.

Passados dois anos de análise, o paciente voltou a conseguir um trabalho e desejou interromper a análise. Apesar do sucesso desta e do desaparecimento do sintoma, Lacan me fez notar que não era o caso de ficar muito contente, pois podia ser uma fuga pela cura.

Uma vez fiquei surpreso com uma intervenção pesada e inapelável de Lacan. Tinha em análise uma jovem que, no decorrer do trabalho, fez uma transferência erótica comigo; minha presença física dominava a cena: por exemplo, ela respirava a fumaça de meu charuto com avidez, dizendo quanto ela gostaria de ser essa fumaça que eu respirava e entrar dentro de mim. Lacan cortou a sessão e me disse: "Isso não é psicanálise." Não esperava uma intervenção dessas, porque achava que era o efeito de uma transferência passional, mas superável.

Nos tempos que se seguiram, tentei corrigir a situação e interpretar essa transferência erótica, atenuá-la e corrigir a situação, mas não adiantou; a paciente dava um tom erótico a cada um de meus gestos. Enquanto eu contava para Lacan o que acontecia na relação transferencial, Lacan se levantou e me disse: "É preciso acabar com essa análise, até logo, meu caro." Sempre esperei conseguir fazer a paciente voltar a uma relação transferencial normal, ou seja, deserotizada. Mas a intervenção de Lacan era definitiva e inapelável. Foi só mais tarde que entendi a oportunidade daquela decisão.

Recebi, um dia, um pedido de um jovem psiquiatra, de estrutura aparentemente histérica, com uma notável tendência sedutora e uma instabilidade afetiva e amorosa. Lacan me disse, considerando a capacidade de análise do sujeito, que aquilo poderia virar uma análise didática. Sem entrar em detalhes, o analisando me anunciou, dois anos depois, sua intenção de interromper o tratamento e seu desejo de fazer um novo segmento de análise com uma mulher. Alguns anos depois, soube que ele nunca tinha terminado o tratamento e que se revelara um homossexual manifesto, embora no começo sua homossexualidade estivesse latente. Nem Lacan nem eu tínhamos percebido os indícios que permitiam supor essa evolução. A estrutura nos escapou.

Em contrapartida, na psicose, Lacan era bem mais previdente. Em nenhum momento ele me aconselhou a recusar um psicótico; estimulou-me a dar continuidade à análise deles, mesmo em situações difíceis. Vou dar dois exemplos.

O primeiro é o de um iemenita que tinha muitas dificuldades, em seu cotidiano no Ocidente, para discernir a crença mítica em que fora criado. Considerando sua confusão e seu estado quase delirante, eu estava a ponto de recuar. Lacan adotou uma posição inversa, incentivando-me a dar continuidade ao tratamento: disse-me que o que podia salvar meu paciente da psicose era sua inteligência; o que se seguiu não deixou de confirmá-lo.

Um outro caso, mais preocupante, foi o de um jovem de 20 anos. Um caso difícil, diante do qual eu me sentia cada vez mais desarmado, de tanto que ele me transmitira sua angústia. Eu desconfiava de que ele era psicótico e tinha medo de que passasse ao ato. Certa noite, ele não veio ao consultório, embora eu o esperasse. Soube umas horas depois que fora internado. A angústia me invadiu. Telefonei para Lacan, que me disse para ir vê-lo assim que saísse do trem. No final de uma longa conversa, Lacan concluiu: "Sua dúvida está confirmada, é um psicótico e é a sua angústia que tinha razão." Recomendou-me ir ver meu paciente no hospital e pôr-me à sua disposição. O que foi muito benéfico para meu paciente; ele prometeu voltar a me ver assim que tivesse alta.

Durante essa supervisão, Lacan nunca me incentivou a fazer sessões curtas. Uma vez, relatei-lhe uma sessão curta com um paciente; ele não disse para eu não fazer aquilo de novo, mas me recomendou a fazê-lo com conhecimento de causa e quando a ocasião fosse propícia.

A partir de 1978, as sessões foram se tornando cada vez mais curtas. Ele foi ficando cada vez menos presente, mas continuou lúcido. Em 1980 começou a sofrer de distúrbios neurológicos sérios, como amnésia, e de tremores que provocavam uma dificuldade crescente de escrita e de pronúncia. Minha última sessão com ele data do fim do mês de maio de 1981, no momento em que a luta fratricida em sua Escola estava no auge. Cheguei ao consultório de Lacan de manhã. As duas salas de espera, geralmente sempre cheias, estavam vazias. Lacan estava mal barbeado, de roupão. Eu lhe disse: "Senhor, hoje não vim para a supervisão, mas para lhe pedir que acorde, que retome o controle de sua Escola. Leia esta carta." Estendi-lhe um texto escrito por alguns de seus alunos. Ele começou a ler, eu olhava para o seu rosto. Ele ficou pálido e, erguendo a cabeça, devolveu-me o texto dizendo: "Não os conheço."[1] Repliquei erguendo a voz: "Não os conhece? Mas são seus alunos, que o seguiram durante anos, o senhor os formou!" Lacan se levantou, irritado, e me respondeu: "Estou lhe dizendo que não os conheço." Abriu a porta para pôr fim àquela insistência. Glória estava atrás da porta.

Não voltei mais, e nunca soube se era uma negação pensada ou um estado de confusão mental.

Adnan Houbballah

[1] Isso faz pensar nas palavras de Cristo relatadas no *Evangelho segundo Mateus* (Mat, 7:22-23). (N.E. francês.)

5 | O fim de uma sessão

Qual foi para mim a prática de Lacan? Aquela que fiz com ele não era a minha primeira experiência analítica. De fato, tinha feito uma primeira análise com Serge Leclaire e, em seguida, tinha passado a ocupar um lugar de analista em Paris. Fazia supervisões com vários analistas, dentre os quais escolhi Jacques Lacan. Essa supervisão se transformou numa análise, isto é, passei do face a face para o divã.

O que me resta como lembrança dessa experiência de vários anos? Um dia Lacan estava falando de sua prática durante seu seminário *L'Insu que sait de l'Une-bévue*: "Só a poesia permite a interpretação. E é por isso que já não consigo, na minha técnica, que ela se mantenha; não sou suficientemente *pohâte*."[1] Na verdade, ele acabava de dizer nesse seminário que a poesia é um efeito de sentido, bem como um efeito

[1] Neologismo de Lacan que faz jogo de palavras com *poète*. Lacan amava a poesia e acreditava nela como possibilidade de acesso ao real e no ato poético como matriz do ato analítico. (N.R.)

de furo. *Poète* [poeta] é sentido. *Pohâte* é furo. Foi em 17 de maio de 1977.[2]

Esse texto corresponde bem ao que foi, para mim, a prática de Lacan: efeito de sentido, efeito de furo. O importante para que a análise avance é que o analista homologue, registre certa palavra dita pelo analisando. De que maneira? Pela pontuação, ou seja, pela retomada de determinada palavra, de determinada frase que tem efeito de sentido; mas é uma retomada que marca o fim de uma sessão: efeito de furo, vazio criador. O ponto final, ao pontuar, abre para a próxima sessão, prepara uma nova etapa, condiciona uma marcha para adiante: um novo sonho, uma passagem ao ato, um avanço na direção do desejo. Logo, graças à pontuação que põe um ponto final numa sessão, surge a condição de uma nova produção na próxima sessão. Por isso é que o problema que a prática de Lacan coloca é o da escolha que ele fazia de uma pontuação e não de outra. Por que essa escolha? A questão é essa.

Ora era uma escolha rápida – e, portanto, uma sessão curta – ora uma escolha que vinha lentamente – e, portanto, uma sessão longa. Isso dependia da fala do analisando. Por esse motivo é que não havia para Lacan *a priori* sessões curtas, como houve quem dissesse: "Ele só faz sessões curtas, tem pressa. Trabalha a toda velocidade." Não, de jeito nenhum, tudo dependia da fala do analisando. Na obra chamada *Quartier Lacan*,[3] feita de entrevistas com antigos analisandos de Lacan, encontramos o testemunho de Jean Clavreul que, um dia, adoeceu e foi internado enquanto estava em análise com Lacan; Lacan deslocou-se umas 20 vezes para fazer sessões

[2] Aula 13. (N.T.)

[3] Ed. bras.: *Quartier Lacan: testemunhos sobre Jacques Lacan*. Rio de Janeiro, Companhia de Freud, 2007. (N.T.)

com ele. Em outras palavras, dedicava-lhe tempo. As sessões eram, portanto, de duração variável.

Voltemos à questão: o que determina a escolha dessa pontuação? Lacan escolhe segundo três significações, segundo três leituras possíveis da fala do analisando. A primeira escolha, rara, consiste em transmitir a imagem em espelho de mim mesmo. Um dia falei de minha situação: por um lado, uma preocupação muito grande com um comprometimento público como analista; mas, por outro, uma abstenção de comprometimento na vida privada com esta ou aquela mulher. Lacan respondeu apresentando-me uma imagem que me comparava a um artista, o músico Franz Liszt. Disse-me: "É como Franz Liszt!" Com efeito, a grande preocupação de Franz Liszt era ser conhecido pelo público ao dar concertos em várias cidades, a qualquer preço. Quanto à sua vida privada, era totalmente diferente. Esse é o primeiro modo de intervenção de Lacan. Era bastante raro.

A segunda pontuação concerne a uma frase do analisando que dá sentido a determinado sonho, a determinado sintoma, a determinada escolha. Assim, Lacan, mediante essa retomada, pontua o final da sessão: "Levante-se. Até amanhã!" A interpretação não é uma tradução dos significantes numa linguagem teórica, mas a pronúncia exata dos próprios significantes do analisando. Não é uma tradução de Lacan em razão de suas próprias associações com base na da teoria: "Ah! Você disse isso porque... Conheço a causa disso..." Não, nunca.

O mais importante é a terceira escolha de Lacan: a pontuação de um encontrão contra um impossível – a propósito de um sonho, de um ato falho, de um projeto. Lacan insistia nisso repetindo, deixando por sua conta um determinado significante que produzia negação de sentido. Era o que ele denominava "efeito de furo": isso faz furo, encontrão, limite, graças à letra, ao literal que faz litoral, borda, limite do simbólico, que nada mais faz que dar sentido, e mais sentido ainda. Lacan dirá em Roma, em 29 de outubro de 1974, que a religião é capaz de dar sentido a qualquer coisa; mas que a psicanálise não é uma religião. O Outro, o lugar dos significantes, é barrado pelo que Lacan, em seus seminários, chamava de real. O real não é a realidade, mas o impossível de simbolizar.

No Seminário XI, intitulado *Os quatro conceitos fundamentais da psicanálise*, ele interpreta quatro vezes o sonho, relatado por Freud, de um pai que acaba de ver o filho morrer. O pai se retira para o cômodo ao lado e adormece. E tem um sonho em que vê o filho se aproximar dele e dizer: "Pai, pai, não vê que estou queimando? Afinal, você não vê?" Lacan não interpreta esse sonho como Freud. Para Freud, é uma autorrecriminação, um remorso por não ter visto a ardência, a febre do filho, e não ter cuidado dele a tempo, para que não morresse. "Não, não é isso", diz Lacan. "Esse sonho é *une-bévue*."[4] *Unbewusst*, um equívoco, a falha introduzida pelo inconsciente. Nenhum pai humano é onividente; ele não é um deus: finitude da paternidade humana que não pode ver tudo. Portanto, não culpa, mas encontro com o impossível, isto é, com o real.

Por isso é que Lacan insistia com veemência, retomando meu próprio encontrão no impossível. O tom de sua fala dava uma tonalidade à retomada de minhas frases. Era um tom de pura constatação, o *constativo*. De fato, a questão não era conotar uma falta que eu, ou alguém do meu círculo, tivesse cometido. A recriminação refere-se à impotência; o apelo por

[4] "*La bévue*" = erro, equívoco. Quanto à *l'une-bévue*, Lacan, na *Conclusion des Journées de l'EFP*, diz que se permite uma "tradução bizarra" do que Freud chama *Unbewusst* ao se valer de um tipo de homofonia dessa palavra com a da língua francesa. Lacan acrescenta que "há um 'equívoco' [*l'une-bévue*] lá dentro". Cf. Y. Pelissier, M. Benabou, D. De Liége, L. Cornaz, *789 néologismes de Jacques Lacan*, (Paris, Epel, 2002). (N.R.)

superá-la. Mas o impossível não é impotência. Esse terceiro tipo de pontuação relativa ao impossível é um puro indicativo que Lacan homologava mediante uma enunciação cujo tom não é culpabilizante, mas puramente constativo. O encontro com o real é um novo avanço na análise, que aponta o limite irredutível do simbólico que transmite um efeito de furo, um equívoco.

A psicanálise torna-se assim um novo desafio. À pergunta sobre o desejo do Outro: "O que é que você quer ao me dizer isso?", há o encontro com o impossível da resposta do Outro. Então, que fazer? Repetir sem cessar a pergunta? Fugir? Não. A pontuação do analista leva você mesmo a responder, sem esperar a resposta do Outro. Responder como? Pelo ato pulsional do corpo a corpo, no encontro erótico com o corpo do outro. O sujeito se faz objeto *pequeno a*, como resposta, segundo as quatro pulsões que Lacan apresenta: se fazer comer, pulsão oral; se fazer ejetar, pulsão anal; se fazer ver, pulsão escópica; se fazer ouvir, pulsão invocante. Este é o risco que se corre: se fazer objeto do gozo do Outro, na incerteza irredutível do desejo do Outro.

Assim termina uma análise, pelo lugar dado à fantasia, ali onde o real abre um espaço vazio, um furo. É dar lugar ao objeto *pequeno a* como resposta à pergunta sobre o desejo do Outro. O analisando para de querer ser desejável; ele se torna desejante.

A essa transferência do desejo em fim de análise pode se juntar a experiência do passe, de um procedimento pelo qual o analisando se dirige a dois "passadores" para lhes apresentar o que foi essa passagem de analisando para analista; esses "passadores" fazem passar para o público uma palavra privada, ao passo que o analista deve permanecer confidencial. Cabe ao analisando, tornando-se analista, fundar a extensão sobre a intensão. A experiência do encontro com dois passadores foi, para mim, a criação desse laço fundador entre a experiência do divã da psicanálise em intensão e o campo público da psicanálise: a teoria, a escola, a sociedade. É isso que foi para mim a prática de Lacan.

Philippe Julien

6 | Ritmo, presença, voz, respiração. Testemunho sobre o manejo da transferência em Lacan

> Mas quando, nesse movimento de pegar, de atrair, de atiçar, a mão foi longe o bastante em direção ao objeto, se do fruto, da flor, da acha, sai uma mão que se estende ao encontro da mão que é a de vocês, e neste momento é a sua mão que se detém fixa na plenitude fechada do fruto, aberta da flor, na explosão de uma mão em chamas – então, o que aí se produz é o amor.[1]

"Cem vezes sobre o tear, repõe teu trabalho", nos lembra Boileau (1674) num célebre adágio que nos permite comparar o trabalho do escritor ao do tecelão. Em toda tecelagem, temos dois elementos: os fios que correm, que vão fabricar o desenho, e a trama. Na análise, também se trata dessa tecelagem. Da prática de Lacan, falou-se sobretudo de uma das dimensões: a dos fios das cadeias significantes, do modo como

[1] J. Lacan, *Le transfert*, Le Séminaire, livro VIII. Paris, Seuil, 1991, p.67. [Ed. bras.: *O Seminário*, livro 8, *A transferência*. Rio de Janeiro, Jorge Zahar, 1992, p.59.]

convinha pontuá-las, escandi-las, cortá-las, de seus motivos, que possibilitavam ler o desenho do desejo. Mas da trama, que sustenta a possibilidade desse trabalho, não me parece que se tenha tratado muito.

Conheci Lacan em junho de 1972, comecei a trabalhar com ele em janeiro de 1973, fiquei oito anos. Não vou falar aqui dos dois últimos anos, os de sua doença. É de sua prática durante os seis primeiros anos que vou tratar. Prática muito interessante e, pelo que dizem os mais velhos que eu, semelhante em muitos pontos à dos anos anteriores.

No entanto, não me é fácil abordar a trama que sustenta essa prática. Será um tema que beira o obsceno, no sentido etimológico: posto em cena?

Como falar desse homem extremamente presente, disposto a pôr sua mão num ombro desamparado, escandindo de tempos em tempos a sua escuta com o som de sua respiração, recebendo seus analisandos num ritmo muitas vezes contínuo, cinco vezes por semana no meu caso e no de muitos outros; às vezes mais, para alguns. Sessões curtas, é certo. Mas semelhante ritmo possibilita um trabalho muito diferente daquele que se instala quando as sessões são mais espaçadas.

Essa trama da prática de Lacan, que me pareceu pouco abordada, impôs-se a mim nos termos de ritmo, presença, voz, respiração, que sabemos não serem os de Lacan, o que não simplificou minha reflexão.

Lacan não fala de ritmo. Caso lhe ocorra empregar essa palavra, não é a respeito do trabalho em sessão. Da respiração tampouco ele fala. Estava, portanto, numa situação complicada, tendo de dizer coisas sobre sua prática sem encontrar, num primeiro momento, nem em seus *Escritos* nem em seus *Seminários*, em que baseá-las.

Em contraposição, desde a criação da Sociedade Francesa de Psicanálise, ele fala da presença do analista. Como mostra o seminário *Os escritos técnicos*, em psicanálise o sujeito é abordado pelo viés da resistência: Lacan pede para Anzieu expor a técnica de Freud, tal como ela é apresentada nos *Estudos sobre a histeria*. Anzieu cita duas formas de manejo da resistência: o reasseguramento e a técnica de pressão das mãos. A primeira – em que Freud afirma ao paciente: "Vamos, você sabe, diga, diga" – lhe parece uma técnica de força. A segunda, uma técnica de astúcia. Ele cita Freud: "Ao pôr as mãos sobre a fronte do sujeito, atraio sua atenção para esse gesto e, assim, a resistência se vê deslocada daquilo contra o que ela resistia para esse gesto e, assim, a lembrança que estava por baixo pode vir à tona."

Lacan fica visivelmente surpreso com o que acaba de ouvir e lhe pergunta: "Em que texto você se baseia?" Anzieu lhe responde que se trata do capítulo sobre a psicoterapia dos *Estudos sobre a histeria*. Então Lacan, desculpando-se, interrompe-o para uma precisão. Faz questão de lembrar o caráter privilegiado dos casos tratados por Freud e acrescenta que "não se pode fazer uma ideia plena da maneira pela qual aplicava a técnica. ... Freud estava engajado na pesquisa de uma verdade que lhe concernia totalmente, até na sua pessoa, portanto, também na sua presença diante do doente ... No dizer do próprio Freud, esse interesse deu às suas relações com os seus doentes um caráter absolutamente singular".[2]

Vemos bem que ele não deseja que a maneira de trabalhar de Freud seja tomada como receita, devendo esta ficar como seu modo pessoal de fazer. É indubitável que a mesma coisa poderia ser retorquida a respeito da prática de Lacan. Não se trata de propor a quem quer que seja *fazer Lacan*, tampouco

[2] Esse diálogo entre Anzieu e Lacan está no Seminário de 20 de janeiro de 1954. Na versão publicada pela editora Seuil (J. Lacan, *Les écrits techniques de Freud*, Le Séminaire, livro I. Paris, Seuil, 1975), J.-A. Miller não o retranscreveu. [N.T.: A resposta de Lacan está na p.31 de *O Seminário*, livro 1, *Os escritos técnicos de Freud*. Rio de Janeiro, Jorge Zahar, 1986.]

fazer Freud, e sim entender sobre que trama repousa a prática do corte e da basta dos fios significantes, bem como aquela, igualmente pessoal de Lacan, das sessões curtas.

Na época, Lacan duvidava da presença do analista como fator que pudesse provocar resistência pela transferência. Eis como, algumas semanas depois,[3] ele aborda o momento em que a fala pende para o lado da presença do analista: "O momento em que o sujeito se interrompe é, ordinariamente, o momento mais significativo da sua aproximação em direção à verdade. Aprendemos aqui a resistência do estado puro, que culmina no sentimento, frequentemente tinto de angústia, da presença do analista."[4] Os primeiros elementos do ensino de Lacan capazes de dar conta dessa dimensão de *trama* de minha experiência analítica com ele só serão encontrados seis anos depois, no seminário *A transferência*. Sua maneira de teorizar o lugar do analista muda completamente. Ao mesmo tempo em que lembra que, no âmbito da relação, a psicanálise exige um alto grau de sublimação[5] libidinal, mostra-nos também que nos isolamos com um outro para lhe ensinar o que lhe falta. Devido à natureza da transferência, ele vai aprender "o que lhe falta" amando. E ele acrescenta: "Não estou ali, afinal de contas, para o seu bem, mas para que ele ame. Isso quer dizer que devo ensiná-lo a amar?"[6]

Na minha experiência analítica, aprendi que sim. Como sabemos, Lacan fará uso do *Banquete* de Platão para esclarecer a

[3] Em 10 de fevereiro de 1954.

[4] J. Lacan, op.cit., p.63. [Ed. bras.: p.66.]

[5] Sublimação que encontraremos até o fim de sua obra.

[6] Aula de 8 de outubro de 1960. [N.T.: Trata-se, na verdade, da aula de 16 de novembro de 1960, in J. Lacan, *O Seminário*, livro 8, *A transferência*. Rio de Janeiro, Jorge Zahar, 1992, p.23.]

relação entre o amor e a transferência: "O amor grego nos permite retirar, na relação do amor, os dois parceiros do neutro, esse par que são, respectivamente, o amante e o amado, *érastès* e *érôménos*."[7] Lacan explica que o que caracteriza aquele que ama, como sujeito do desejo, é essencialmente o que lhe falta. O amado, nesse casal, é o único que tem alguma coisa.[8]

Para entender como isso se deu no meu próprio tratamento analítico, cumpre situar minha posição antes de seu início.

Cheguei do Brasil, catapultada por uma ditadura, com uma prisão preventiva decretada contra mim. Do dia para a noite, vejo-me em Paris, tendo deixado tudo para trás: meu bebê, minha analista, meus primeiros pacientes. Desejosa de retomar um trabalho, peço aos colegas o nome de um analista. Sob a alegação de que minha analista anterior era anglo-saxã, os colegas decidem que não sabem me indicar alguém; somente Lacan tem condições de fazê-lo. Vou com um pé atrás, peço-lhe uma hora para que me dê um nome: "Indique-me um psicanalista. Não quero um nome na capa de um livro grosso." Ele me responde: "A mim também me incomoda ser um nome na capa de um livro grosso." Ele quer me seduzir assim? Muitas vezes se falou de sedução a respeito de Lacan. Hoje, parece-me que a escolha dessa resposta deve ser escutada no quadro estrutural da relação entre *érastès* e *érôménos*.

Naquela época, eu não estava no lugar de Alcibíades, não via Lacan como portador de *agalma*; eu tinha tentado abrir os *Escritos*, não tinha entendido nada. É certo que começava a haver um fenômeno de moda em torno do nome dele, mesmo na América do Sul. Mas, como não tinha a cultura de um

[7] Aula de 23 de novembro de 1960.

[8] J. Lacan, *Le transfert*, op.cit., p.47. Mais tarde, como sabemos, ele precisará que o desejado é que é provido e o desejante, faltante.

Valas,[9] não via o que Lacan, ele próprio, podia me dar. Não queria um *érôménos*, ainda que fosse o autor do mais espesso dos livros de psicanálise. Queria um analista *érastès*, um analista que me amasse, eu já tinha problemas suficientes na vida.

Quatro vezes Lacan me fez voltar com o pretexto de me dar o nome que ele não me dava. Com muita raiva, decidi não mais voltar. Depois, comecei a trabalhar num centro dirigido por psicanalistas da SPP,[10] que me mandavam pacientes. Sem tratamento pessoal e no contexto de minha existência difícil na época, temi não estar à altura daquele trabalho. No começo de janeiro, voltei a ver Lacan dizendo-lhe: "Escute, senhor, como não me deu o nome de um analista, agora eu teria de encontrar um psicoterapeuta. As coisas estão ficando difíceis para mim. O senhor poderia ser meu psicoterapeuta?" Ele me respondeu: "Um psicanalista não tem nenhum motivo para não ser psicoterapêutico àquele que lhe pede isso."

Ante a perseverança de Lacan para comigo, não deixei de me perguntar qual poderia ser meu atrativo oculto. Seriam os problemas políticos dramáticos que tinha acabado de viver? Hoje, acho simplesmente que aquela era para ele uma oportunidade de ensinar a jovenzinha a amar. E, ao mesmo tempo, de lhe possibilitar ter algum acesso à sua falta. Aquela era uma oportunidade de realizar essa inversão que ele chama "o amor como significação", de estabelecer uma metáfora, ou seja, uma

[9] Durante esta Jornada sobre a prática de Lacan, Patrick Valas nos disse que seu pedido de análise dirigia-se ao homem cuja obra ele considerava importante. Antes mesmo do começo do trabalho, já existia a transferência em relação à obra. Eu não estava nessa situação.

[10] Sociedade Psicanalítica de Paris. Quando solicitei um nome de analista a um deles, ele murmurou que, no meu caso, era absolutamente necessário um didata, o que eu não tinha pedido. Entediado, passou em revista essa categoria e me informou que haveria um tempo de espera. Em 1972, a quantidade de didatas estava bastante reduzida.

substituição. No lugar do *érôménos*, do objeto amado, deveria advir o sujeito da falta. Lembremos que, para figurar essa passagem, que ele diz ser miraculosa, em que o analista como aquele que ama vai permitir a um objeto amado advir à qualidade de sujeito, Lacan propõe um mito: "Vou comparar à mão que avança para pegar o fruto quando está maduro, para atrair a rosa que se abriu, para atiçar a acha que se inflama de repente." O caráter miraculoso está no que se segue: "Mas quando, nesse movimento de pegar, de atrair, de atiçar, a mão foi longe o bastante em direção ao objeto, se do fruto, da flor, da acha, sai uma mão que se estende ao encontro da mão que é a de vocês, e neste momento é a sua mão que se detém fixa na plenitude fechada do fruto, aberta da flor, na explosão de uma mão em chamas – então, o que aí se produz é o amor."[11]

Mas, como ia Lacan manejar as coisas para que eu passasse de minha posição de *érôménos*, de amada, para a posição de sujeito que ama, de *érastès*? Sem isso, eu nada saberia sobre minha falta, não adviria ao lugar de sujeito no tratamento.

Nos primeiros meses, quando eu ainda falava com ele face a face, fiquei, de repente, surpresa ao ver seu espanto, seu maravilhamento por algo que eu acabava de lhe dizer sem ouvir. Mais tarde, eu iria entender que aquele homem, de mais de 70 anos, ainda era capaz não só de se espantar como também de representar ali *a terceira pessoa*, a do *chiste*, aquela que tornava possível para mim, que não escutava meu dizer, interessar-me por ele como fonte do que podia ter capturado sua surpresa e seu interesse.

No seminário *As formações do inconsciente*, Lacan sublinha a necessidade de haver o Outro terceiro para que haja uma tirada espirituosa. "A sanção do Outro terceiro, seja ele suportado ou não por um indivíduo, é essencial aqui. O Outro rebate a bola, alinha a mensagem no código como tirada

[11] J. Lacan, op.cit., p.66-7. [Ed. bras.: p.59]

espirituosa. Ele diz no código: *Isto é uma tirada espirituosa*. Quando ninguém faz isso, não há tirada espirituosa. Quando ninguém se apercebe disso, quando *familionário* é um lapso, ele não constitui uma tirada espirituosa."[12]

Lacan lembra que não há emergência de chiste sem uma surpresa, sem alguma coisa que torne o sujeito alheio ao conteúdo imediato da frase. Por um instante, ele pode pensar: "não compreendo", "estou desnorteado".[13] Sobre esse Outro, de que vemos aí a primeira aproximação de sua falta, de sua incompletude, Lacan detalha: "Esse Outro, precisamos que ele seja muito real, que seja um ser vivo, de carne, ... para atingi-lo e para suscitar seu prazer ao mesmo tempo que o meu."[14]

Lacan sabia ficar embasbacado e depois dar uma gargalhada, como se o que eu tivesse acabado de dizer o alegrasse. Eis uma experiência marcante: a de descobrir que se é fonte de um dizer que alegra o Outro. A esse prazer da tirada espirituosa Lacan denomina gozo. Ele diz claramente: "O *Witz* restitui seu gozo sob o duplo aspecto da surpresa e do prazer."[15] Sabemos que, mais tarde, ele escreverá: S(Ⱥ).

Devo essa clareza sobre o manejo por parte do analista do lugar de terceiro no chiste a um analista argentino, Pablo Mario Kovalowsky.[16] Sua exposição me possibilitou pôr palavras

[12] Aula de 6 de novembro de 1957. J.-A. Miller a retoma na p.25 de *Les formations de l'inconscient*, Le Séminaire, livro V, Paris, Seuil, 1998. [Ed. bras.: *O Seminário*, livro 5, *As formações do inconsciente*. Rio de Janeiro, Jorge Zahar, 1999, p.28.]

[13] J. Lacan, ibid., p.107. [Ed. bras.: p.112.]

[14] J. Lacan, ibid., p.117. [Ed. bras.: p.123.]

[15] Aula de 18 de dezembro de 1957. J.-A. Miller retoma a ideia in op.cit., p.121. [Ed. bras.: p.126.]

[16] Uns 15 anos atrás, num dos primeiros encontros internacionais da Inter-Associatif, em Paris, tive, com Alain Didier-Weill, o prazer de discutir a exposição de Kovalowsky sobre "o analista no lugar de Outro terceiro". Acho que ele causou, em nós dois, uma forte impressão.

nesse aspecto da prática de Lacan e me ensinou muito sobre a eficácia de algumas das intervenções que eu fazia com autistas jovens[17] ou bebês. Desde então, a clínica do recém-nascido me ensinou que quando ele percebe que é fonte, causa do gozo do Outro, isso provoca uma inversão de lugares: de objeto amado ele se torna aquele que ama. O bebê amará aquele para quem ele é fonte de gozo, mas ainda é preciso que esse Outro se apresente como faltante. O mesmo se deu na minha análise com Lacan, quando – na transferência – revelou-se que eu ocupava para ele o lugar de objeto faltante.

Isso se representou – no sentido teatral da palavra – em vários tempos. Na época, por razões de estrutura que a conjuntura favorecia, eu escutava bem pouco meu próprio sofrimento. Um psicanalista kleiniano teria interpretado: "Você me coloca no lugar de ser aquele que tem de se preocupar por você." Lacan não era verboso, mas ator; ele representava a cena à qual meu inconsciente o designava. Perto da porta, de pé, pondo a mão no meu ombro: "Minha jovem, mas assim (indicando minha capa fina demais) você vai se resfriar!" Embora eu estivesse a léguas de poder pensar nesse tipo de sofrimento, a voz de Lacan, apiedada, me possibilitava me aproximar um pouco dele.

Quando Lacan quer articular qual deve ser o desejo do analista, ele o remete à função da falta, apoiando-se nas palavras de Sócrates no *Banquete*: "Amar e desejar uma coisa, é tê-la ou não tê-la? Pode-se desejar o que já se tem?" E Lacan concluía que, para Sócrates, o objeto do desejo é necessariamente aquilo de que o sujeito "está despossuído, é desse tipo de coisa que ele tem desejo bem como amor".[18] Isso me permite introduzir uma vinheta sobre um momento de minha análise que

[17] M.-Ch. Laznik, *Vers la parole – Trois enfants autistes en analyse*. Paris, Denoël, cap.VIII, 2004. [Ed. bras.: *Rumo à palavra – Três crianças autistas em psicanálise*. São Paulo, Escuta, 1997.]

[18] J. Lacan, *Le transfert*, op.cit., p.139. [Ed. bras.: p.118-9.]

me deixou perplexa por muito tempo. Vou chamá-la de cena do telefone.

Eu atravessava um período de minha análise em que pensava pouco. Sem saber muito bem por quê, faltei a três sessões seguidas. Na manhã da quarta sessão, telefonema de Lacan, que me diz: "Então, minha jovem, quando é que vou vê-la de novo?"[19] Eu me ouço responder: "Estou chegando, doutor." O que foi que ouvi na voz dele? Só capto plenamente a dimensão de queixa ao dizer a meu companheiro: "Ele fala como a minha mãe." Com efeito, eu tinha reconhecido a voz queixosa dessa mãe, viúva, despossuída, não tendo outro recurso senão a filha única, papel que me era penoso desempenhar. Essa mãe na falta era o que me fazia fugir.

Sem me fazer de ingênua quanto ao que aquele apelo devia implicar de encenação, aperto levemente o acelerador na saída do estacionamento, mas o suficiente para que meu carro suavemente se choque contra uma ferragem invisível debaixo do caminhão na minha frente, o que teve como consequência dividir todo o capô como uma lata de conservas aberta. Clivada, cortada. Ri daquilo, tendo a sensação de visualizar a própria divisão que aquele telefonema em que Lacan representava minha mãe, a pobre, tinha produzido em mim.

Estas Jornadas sobre a técnica de Lacan me possibilitaram esboçar a decifração da encenação telefônica da pobre mãe. Ela me remete ao mito do nascimento do amor que, como Lacan nos lembra, está em Platão. Amor é filho de Poros e de Pênia, a pobreza, a miséria até. O que Pênia conhece por experiência própria é a *aporia*, ou seja, que ela não tem recursos. A pobre Pênia não tem, a bem dizer, nada para dar senão sua falta constitutiva (*aporia*). Tendo ido às festas do nascimento

[19] Não esqueçamos que, tendo cinco sessões por semana, eu o tinha visto na segunda-feira, faltado nos dias seguintes, e o telefonema ocorreu na sexta de manhã. Graças ao ritmo intenso das sessões, tudo isso aconteceu em quatro dias.

de Afrodite, Pênia mendigava na porta quando viu Poros – o recurso, a astúcia – que, bêbado, tinha adormecido. E é enquanto ele dorme, quando já não sabe nada, que o amor se engendra. Aqui, é o feminino que é ativo, é ela que se insinua por seu desejo para que o amor advenha.[20]

Tal como Lacan falando como minha mãe, Sócrates – em *O banquete* – empresta sua voz à sacerdotisa Diotima, que conta o mito. Lacan faz notar que é o feminino de Sócrates que fala. Na sua técnica, Lacan também sabia fazer uso do seu.

Talvez Lacan nada soubesse dos motivos que tinham me levado a faltar às três últimas sessões. Eu tampouco, aliás. Exceto, antes do telefonema dele, uma ausência de representação sob a forma de uma denegação: "Não estava com raiva dele." Por que estaria com raiva dele? Por às vezes estar tão pleno de tudo o que o apaixonava? Depois de seu telefonema, que punha em cena o quanto eu lhe fizera falta, e a báscula que se seguiu, restaurou-se um período fecundo no trabalho analítico.

Embora solicitasse um amor de transferência, nunca me enganei sobre o fato de que Lacan representava a encenação como o ator grego: com uma máscara. Desde o seminário *A transferência*, ele fala da encenação, mas é no seminário *Ou pire* que ele vai desenvolver sua proposição sobre o papel da máscara no teatro grego. Eis o contexto: Lacan lembra que a relação transferencial se inaugura pelo lugar de *sujeito suposto saber* atribuído ao analista. Mas esse saber só lhe é suposto por sua posição:

> O analista não faz semblante, ele ocupa *a posição* do semblante. Ocupa-a legitimamente porque, com relação ao gozo, tal como ele deve captá-lo nas palavras daquele que, a título de analisando,

[20] Lacan fala do mito nas sessões de 18 e 25 de janeiro de 1961 (cf. J. Lacan, op.cit., p.147-8 e 157-8). [Ed. bras.: p.125 e 134.]

> ele cauciona em sua enunciação de sujeito, não há outra situação sustentável. Mas o semblante não se nutre do gozo do qual escarneceria. Esse semblante dá a outra coisa que a ele mesmo seu porta-voz, justamente ao se mostrar como máscara, usada abertamente, como na cena grega.[21]

Eis aqui, claramente enunciada, a sensação que tenho do que Lacan fazia quando representava no sentido da cena grega.

As precisões que ele faz logo em seguida me parecem muito importantes quanto ao manejo de sua técnica: "O semblante ganha efeito por ser manifesto."[22] Quando o ator põe a máscara, seu rosto não careteia, ele não é realista. O *pathos* fica reservado para o coro, que se entrega a ele com alegria.

Quando Lacan diz: "Então, minha jovem, quando é que vou vê-la de novo?", é o tom de sua voz que desempenha o papel principal. Não se trata de um trabalho no plano do enunciado, e sim no plano da enunciação. Ao dar voz ao personagem materno, empresta-lhe a máscara, e é sobre essa máscara que se inscreve a dimensão de uma mãe despossuída. Não sobre seu rosto, que eu não vejo, mas na sua voz. O próprio Lacan fala disso, nessa aula do seminário *Ou pire*:

> Ao dar voz a alguma coisa é que o analista pode demonstrar que essa referência à cena grega é oportuna. Pois, o que ele faz, ao ocupar como tal essa posição do semblante? Nada mais que de-

[21] J. Lacan, *Ou pire*, Le Séminaire, livro XIX, aula de 10 de maio de 1972. [N.T.: Trata-se de Seminário não publicado e a autora se utiliza da versão estenografada. Recorremos a essa fonte para completar a última frase que aparecia, assim, truncada: "*Il donne, ce semblant, son porte-voix de se montrer comme masque, ouvertement porté, comme dans la scène grecque.*"

[22] Na mesma versão estenografada, lê-se: "... *le semblant ne prend effet que d'être manifeste*", ou seja, "... o semblante só ganha efeito por ser manifesto." (N.T.)

monstrar justamente que ... o terror experimentado do desejo sobre o qual se organiza a neurose – o que se chama defesa – não é ... senão conjuração de dar dó.

E Lacan lembra Aristóteles.

Já na *Ética* Lacan tinha nos entretido com Aristóteles e a tragédia:

> O termo espetáculo, habitualmente empregado para discutir o efeito da tragédia, parece-me totalmente problemático ... No nível do que ocorre no real, ele é preferencialmente o ouvinte. E quanto a isso, não poderia felicitar-me por demais por concordar com Aristóteles, para quem todo o desenvolvimento das artes teatrais se produz no nível da audição, o espetáculo estando, para ele, disposto à margem.[23]

Acontecia, no divã, de eu atravessar momentos em que, de repente, alguma coisa me impedia de continuar a associar. Sentia então Lacan se aproximar e eu ouvia o ritmo de sua respiração; o que tinha sua eficácia: eu retomava meu fluxo associativo. Era, portanto, levada pela ritmicidade daquele som. A utilização de um recurso sonoro, que não fosse o da fala – pois, de fato, Lacan não era verboso –, era próprio dele. Também se podia escutá-lo virar as páginas de um livro numa tal velocidade que era evidente que ele não conseguia nem ver as imagens. O livro se tornava instrumento de som, instrumento de uma pontuação sem palavras; mesmo que ele não se privasse de dizer: "É isso, minha jovem." Os dois serviam. Mas essa respiração, como ela operava?

[23] J. Lacan, *L'Étique de la psychanalyse*, Le Séminaire, livro VII, aula de 25 de maio de 1957. [N.T.: Trata-se, na verdade, da aula de 25 de maio de 1960. Ed. bras.: *A ética da psicanálise. O Seminário*, livro 7, *O brilho de Antígona*. Rio de Janeiro, Jorge Zahar, 2008, p.300.]

Se o sujeito está ele próprio situado no significante, na medida em que está estruturado pelo corte, Lacan nos lembra que a respiração não conhece em parte alguma esse elemento de intervalo, de corte.[24] Embora nada se inscreva num corte da respiração, ela é, contudo, ritmo, pulsação, alternância vital, precisa Lacan. A utilização de uma cadeia significante – por mais curta que fosse: um "É isso", por exemplo – servia para fazer a escansão; o ritmo da respiração permitia prosseguir num caminho árduo demais, provavelmente ali onde Freud teria utilizado a imposição das mãos.

Em que momento Lacan dava a ouvir essa ritmicidade da respiração? O que ele buscava facilitar assim? Um começo de resposta me parece estar nas suas reflexões sobre a natureza ética da catarse. Eis o que ele diz: "Aquilo de que se trata em uma catarse – contanto que ela reúna coisas aparentemente tão alheias como o espetáculo trágico dos gregos e a psicanálise – é da purificação do desejo."[25] Purificação tem aqui o sentido de decantação, de separação dos planos. Para Aristóteles, a partir de então o sujeito já não pode ignorar onde está o polo do desejo. Para Lacan, isso lhe permite saber alguma coisa sobre o sentido oculto de sua ação. Nada mais que a hipótese freudiana do inconsciente.

Mas, ainda segundo Aristóteles, essa catarse só se produz na medida em que se transpôs os limites chamados "medo" e "piedade".

Acho que Lacan fazia intervir o ritmo da respiração quando, tomada desse medo ou dessa piedade, eu ficava sem voz. Esse apoio me possibilitava recuperar uma voz que já não re-

[24] J. Lacan, *Le désir et son interprétation*, Le Séminaire, livro VI, aula de 20 de maio de 1959.

[25] Todas essas referências à catarse estão na última aula do Seminário *L'Étique de la psychanalyse*, op.cit.

cuava "pelo bem do outro". Podia, então, operar uma catarse: separação dos planos que, por um tempo, me possibilitava saber um pouco mais a respeito do sujeito do inconsciente.

Mas essa via da catarse não é pacificadora para todo mundo, sublinha Lacan. E ele lembra que Platão não hesita em incluir a possessão entre os procedimentos catárticos.

Ocorre-me agora que, na nossa primeira entrevista, Lacan me perguntou o que eu tinha feito no Brasil em termos profissionais. Depois de me escutar, decidiu que eu devia fazer uma tese sobre "os ritos de possessão no Brasil e sua eficácia". Dito e feito, pegou o telefone e ligou para seu amigo Balandier. Sem ter pedido, vi-me catapultada ao encontro desse professor para fazer um mestrado sobre os ritos de possessão. E, às voltas com esse trabalho, volto a encontrar os ritos de possessão que estavam no princípio de minha relação com ele. Não fiz essa tese, mas, anos depois, incentivei outra pessoa a fazê-la.[26] Acabo de entender as raízes do interesse de Lacan por essas questões.

Marie-Christine Laznik

[26] Ainda assim, escrevi um artigo a esse respeito (cf. M.-Ch. Laznik-Penot, "Parcours mythiques et rituel d'une cure selon la tradition du candomblé", in *Possessions d'hier, possessions d'aujourd'hui – Le discours psychanalytique*, *Revue de l'Association Freudienne*, n.20, Paris, out 1998, p.253-68).

7 | "Você me disse isso hoje..." (Sobre a prática de Lacan)

Lacan respondia por sua *prática* como cada um de nós responde pela sua. Vou evocar alguns intercâmbios que tive com ele. Eles continuam presentes e ativos na minha elaboração sobre os vínculos entre a função paterna e o desejo do psicanalista.

"Vou'mm'lâvèdi-ôjourd'hui..." [Vocemedissiooje...] deve ser escutado com um sotaque de antes da Guerra, parisiense da periferia, tipo Guitry, Arletty[1] e outros. Lacan me disse isso ao terminar uma sessão de análise...

Formado pelo Instituto de Psicanálise da *rue* Saint-Jacques,[2] vejo-me num dia de 1971 na *rue* de Lille para encontrar Lacan no seu consultório, a fim de entrar na Escola

[1] Para ter uma ideia desse sotaque: Guitry, in http://www.media-maniac.com/php/video/youtube/video-sacha%20guitry.htm; Arletty, in http://mimi40n2.centerblog.net/2046319-replique-d-arletty-atmosphere--22550 (N.T.)

[2] Hoje, esse instituto faz parte da Sociedade Psicanalítica de Paris, ela mesma membro da Associação Psicanalítica Internacional (IPA), fundada por Freud e seus primeiros discípulos.

Freudiana de Paris. Já psicanalista, sentia-me de fato vivamente questionado por termos de seu ensino, como "discurso analítico", "desejo do analista", "pontuação" da sessão etc., a ponto de desejar iniciar um trabalho com ele, trabalho que me mostrou como a sua prática era uma prática da transferência, de um excesso mesmo de transferência.

Seria esse o seu *estilo*, do qual se deduz o *ambiente* que ele sabia criar e manter, como o enunciado "Você me disse isso hoje", cuja consequência seria me fazer abandonar a posição de analisando junto dele para lhe falar de minha prática de analista, situá-lo, com sua aquiescência, no lugar de analista de "supervisão"?

A prática pressupõe que "o analista só se autoriza por si mesmo", o que de forma nenhuma o impede de falar dela com outro analista. Pois não existe *metaprática* que sirva de padrão para julgar toda prática. Isso fica mais claro graças a noções interligadas, como as de *prática*, *clínica* e *ética*.

De fato, falar de prática é expor sua *efetuação* num tratamento nos planos teórico e clínico. A clínica é, a meu ver, um saber comum a dois psicanalistas, ou a vários, num momento dado. É análoga à *prática*, como o eco é análogo à voz; a *ética* está em reconhecer nominalmente a distância entre elas, de modo a esclarecer o que se *passa* no analista envolvido na prática: a do corte a efetuar nas falas do analisando, em que estão representados os movimentos de sua libido, de seu gozo, bem como do sofrimento próprio à sua neurose. A ética, no sentido de Lacan, é o ato de pontuar o significante de uma fantasia, ato que acaba com esse gozo, fazendo surgir o traço da letra. Isso não deixa de ter efeitos sobre os dois parceiros durante o andamento de uma análise, na sessão, mas também fora dela.

Ato, portanto, que, desprendendo-se de uma fala presa demais ao sentido, faz o sujeito que fala passar para a possibilidade de produzir um *dizer* propício à integração de seus sintomas no seu discurso consciente, um dizer em que se efetua sua realização subjetiva. É isso o que o praticante convoca e que o invoca. Por isso, em "Radiofonia", Lacan afirma: "É do corte no gozo que se produz o sujeito."[3]

Clínica-prática-ética deve, pois, ser entendido num triplo registro:

1 – A prática: registro da efetuação do que ocorre no interior de um tratamento.

2 – A clínica: dizer a alguém ou a vários sua eficiência no só-depois, fora.

3 – A ética: perceber a distância, aquela entre o dentro e o fora do tratamento.

Ainda é preciso agir lá mesmo onde Lacan se situa: precisamente entre esse dentro e esse fora da sessão. A ponto de eu falar de sua prática atenta ao que ali se suscita como transferência, ou como *excesso* de transferência.

Com os três termos assim amarrados, o limite dentro/fora do tratamento se desloca, se articula de um modo totalmente diferente de como se articula no par prática-teoria, que tornava bem distintos dentro e fora, como se a prática estivesse fora do tempo, além do que advém.

Não há metaprática, mas há *saber* psicanalítico. Como Lacan diz, duas modalidades de saber podem ser designadas aqui: de um lado, o "saber *referencial*", aquele em que se articula a experiência do analista a partir de sua prática; de outro, o "saber *textual*", peculiar à própria prática, isto é, o texto enunciado no presente da sessão pelo analisando ou por um dizer analisando.[4] A ética consiste em discernir essas duas vertentes do saber psicanalítico.

[3] J. Lacan, "Radiophonie", *Scilicet*, n.2-3, Paris, Seuil, 1970. [Ed. bras.: "Radiofonia", in *Outros escritos*. Rio de Janeiro, Jorge Zahar, 2003.]

[4] Cf. J. Lacan, "Proposition du 9 octobre 1967 sur le psychanalyste de l'École", *Scilicet*, n.1, Paris, Seuil, 1968. [Ed. bras.: J. Lacan, "Proposição de 9 de outubro de 1967 sobre o psicanalista da Escola", in *Outros escritos*, op.cit.]

Faço referência aqui, o leitor deve ter reconhecido, às questões de formação do analista em que a articulação prática-ética-clínica tem como efeito manter incessantemente em atividade os operadores de uma prática, a da psicanálise.

A prática de Lacan é sob o impacto da transferência; é assim no plano do tratamento e da supervisão, bem como no plano da vida, no laço social dentro da Escola Freudiana de Paris, ou então num trem indo para Estrasburgo... para onde toda a Escola se desloca para um congresso; falaremos disso.

Três ocorrências clínicas devem ser evocadas aqui, *a partir* de três encontros com Lacan:

1 – Em Sainte-Anne, na sala de plantão dos internos no transcurso de 1968;

2 – No congresso da Escola Freudiana sobre o *acting out*, em 1975, em Estrasburgo;

3 – No momento desse "Você me disse isso hoje", por meio do qual se efetuou a passagem da análise para a supervisão.

Assim, no encontro em Sainte-Anne, final de 1968, na sala de plantão dos internos em que ocorre a inauguração da nova biblioteca do hospital, alguém faz um discurso de abertura totalmente inaudível; todo mundo palavreia, se mexe, estou sentado no fundo da sala ao lado de Lacan, que não conheço e que tuteio, como é costume no plantão, e lhe digo: "Vais ver, no final, vão aplaudir como se nada tivesse acontecido", a gente ri, papeia, como todo mundo.

Três anos depois, em 1971, decido fazer um trabalho com ele e, durante a primeira entrevista, ele me diz muito calmamente: "O que você me diz é muito enérgico." Surpresa o fato de meu dizer ganhar status, um peso de real que faz retorno a partir da voz quase inaudível e cujas ressonâncias sem dúvida chegam aos confins do ser.

Eis o que, do real, mediante sua escuta, volta em palavras: exemplo inaugural para mim do estilo de Lacan, desse ambiente ou dessa "razonância" que ele sabia produzir tão bem... Ao criar como que um *tudo é possível*, ao vizinhar com o limite em que o virtual também tem lugar, ele introduzia essa dimensão de *semblante* pela qual sobrevinha uma profusão de sentidos sobre o que se passava, sem jamais fechar o conjunto por um sentido definitivo. Como se ele girasse *em torno* de um ponto de real, *em torno* da efetuação do que se passava na realidade sem nunca arrematá-la de uma vez por todas.

Aqui, o *dentro fora* da sessão é perturbado amplamente. Esse modo de levar em conta o real é muito importante e está associado para mim a um acontecimento que chamarei de acontecimento da *gaveta*. Nas primeiras sessões, Lacan abria gavetas, remexia nelas, fichas caíam. Se ele fazia esse retorno a seus arquivos – será que o fazia com todo mundo? –, isso tinha relação, pensava eu, com minha passagem do Instituto de Psicanálise de Paris para a Escola Freudiana de Paris, passagem que, em todo caso, estava longe de ser coisa fácil. Ele sabia alguma coisa sobre isso, a julgar pelas violências e pelo ódio presentes nos textos sobre as cisões entre ele e seus colegas da Sociedade de Paris. E cujos efeitos perduram até hoje, apesar de algumas aproximações, tamanha a intensidade do que estava em jogo e das diferenças teórico-práticas. Será que essas fichas que ele jogava no chão eram arquivos? O sinal de que, do lugar de analista, ele me mostrava, era meu palpite, que eu também deveria me desprender um pouco de meus anos de formação no Instituto de Psicanálise, e que sua ética o impedia de me dizer aquilo diretamente naquele momento?

Um dia, aliás, isso será dito, por ele e por mim. Antes, porém, ele iria me propor um encontro com três outros analistas da Escola Freudiana. Ele aconteceu e pude, assim, falar dessa passagem de uma instituição psicanalítica para outra e entrever em que essa mudança se apoiava. Era transferência com a psicanálise? Tratava-se de tornar público um momento privado? Era da ordem de um momento de passe? Ou simplesmente, sendo eu mesmo recém-chegado, ele queria me abrir espaço, pois, em 1971, "sair" da IPA para se inscrever na Escola Freudiana era bem raro?

Essa prevalência em Lacan da interpelação da transferência me parece essencial, pois equivale a segurar um *algo* do real, uma alça sobre o real: esse ponto de fora-de-sentido que, em geral, não se quer nem reparar nem mesmo supor. A ponto de esse real segurar Lacan na sua prática e, provavelmente também, na sua vida até 1980-81. Com efeito, no final de 1979, fui para Sainte-Anne, como de costume, para a apresentação de doentes. Já fazia algum tempo que não tinha mais hora com ele. Lacan estava sofrendo demais com sua doença física e eu tinha decidido parar de ir à *rue* de Lille, pois aquele sofrimento mostrava, a meu ver, que era melhor que ele se tratasse. Ora, naquele dia, depois da sessão de apresentação de doentes, fomos os dois para a escadaria do pavilhão Magnan. Pois bem, a transferência sempre prevalecia no nosso vínculo... Ao lhe perguntar como ele estava, ele me disse: "Venha dia 5 de janeiro", olhando-me com uma intensidade que eu não conhecia nele e que eu voltaria a ver nas duas ou três vezes em que o reencontrei, especialmente numa reunião pública em que, como ele estivesse muito silencioso, sem mais tomar a palavra, movendo-se com grande dificuldade, visivelmente ausente, fui cumprimentá-lo. Mesmo olhar. "Venha dia 5 de janeiro", disse ele. Ora, 5 de janeiro de 1980 era uma terça. Naquele dia, ele anunciou a dissolução de sua Escola.

Voltemos atrás, para 1975, quando as coisas estavam longe disso, em Estrasburgo, no congresso da EFP sobre o *acting out*. A preparação do congresso foi longa, os participantes numerosos, a manifestação devia durar quatro dias e eu deveria falar às 15h15min na sala Tivoli do palácio do Congresso. Nas semanas anteriores, Lacan – levando em consideração a emoção que esse tipo de apresentação provocava em mim – tinha me repetido uma dúzia de vezes pelo menos: "Tivoli, às 15h15min?" Chegou o dia e, no momento de entrar, ele está ali comigo para me acompanhar. André Rondepierre, um dos mentores do evento, solta: "Senhor, foi dada a largada!" E Lacan sai correndo feito louco, entendeu a frase como uma criança a entenderia, isto é, esqueceu seu caráter metafórico; ele abandona a imagem verbal para investir a imagem motora, passando da fala ao movimento... quando, evidentemente, ninguém teria começado sem ele.

Corpo, significante, real, fala, há tudo isso em "Você me disse isso hoje"; em que o efeito de sentido cede lugar ao real que, embora "padeça do significante", nem por isso é menos inatingível.

Essa frase – essa fala – foi dita depois de um longo trabalho nas minhas sessões, acompanhado de leituras de textos sobre a função do pai morto. Minha intervenção na sala Tivoli estava relacionada com *Moisés e o monoteísmo*: nessa obra, escrita em 1938, Sigmund Freud dá uma definição do *acting out* (substituir e negar a fala pela ação) na sua famosa asserção sobre o assassinato de Moisés: "Os judeus preferiram renovar seu ato a rememorar que já tinham matado um pai antes." Isso nos introduz nas noções de identificação à função paterna, à sua metáfora, de incorporação da morte do pai por seu assassinato simbólico, do significante do Nome-do-Pai e, portanto, à tomada de consciência no Eu da existência da morte.

Uns seis meses depois de minha exposição em Estrasburgo, estou em frente da porta da *rue* de Lille: diante de mim surge a presença de um drapeado com suas iniciais – J.L. – em torno do pórtico. O funeral de Lacan! Seria isso um forçamento imaginário, insistência do simbólico, captura do real entre o dentro e o fora? Provavelmente.

Ambos nos explicamos e, tendo trabalhado aquilo com ele por certo tempo, finalmente ele me diz, em todos os sentidos que se pode dar a essas palavras: "Você me disse isso hoje", o que, à primeira vista, nada mais significava além do senso comum, do tipo: "Não vamos ficar anos nisso." Pois bem, ali, não. No que a mim concerne, esses termos, depreendendo um real além do sentido, muito me fizeram elaborar desde então.

Essa pontuação foi dita no tom de "Tivoli, às 15h15min" ou de "O que você me diz é muito enérgico", ou outras palavras mais, mas sempre com o fato de que o corpo não estava ausente. Nesse tipo de intercâmbio, constitui-se um entre-dois entre a voz dele e a minha de maneira tão pregnante que me perguntei se ele tinha escutado alguma outra coisa além do dizer, um barulho até! Aí surge essa dimensão do virtual, do *semblante*, aí onde o real se aloja, é reparável: objeto entre duas pessoas sobre o qual se estende a malha do tecido sendo trabalhado na transferência. Momento em que se formula minha demanda de supervisão.

O fato de escolher Lacan para o lugar de analista supervisor levou alguns meses até se tornar efetivo, a ponto (seria o *hic* da coisa?) de viver aqueles momentos como se eu mesmo tivesse *inventado* aquele procedimento, quando só-depois percebi rapidamente que quase todos os colegas estavam no mesmo movimento que eu, em supervisão com seus analistas para alguns de seus analisandos. De fato, tratava-se, como percebi em seguida, de questionar com Lacan minha relação com o *desejo do analista*; desejo que ele deixava brotar, notadamente no ambiente "convocante" em questão aqui.

Esse *ambiente*, esse virtual próprio ao limite sentido/não-sentido fez produzir essa passagem de uma posição de analisando para a de supervisionando. Minhas elaborações de analisando sobre o *Moisés* de Freud, que depois foram objeto de minha comunicação em Estrasburgo, tinham preparado o terreno para essa passagem.

Nessa obra de Freud, morte e corpo do pai estão ligados, e o estatuto deles está na base de alguns problemas cruciais da psicanálise hoje.

Refiro-me ao que continuo elaborando há anos: morte do pai pelo assassinato simbólico e estatuto da morte que, de significante, ocuparia lugar de objeto; morte em massa nos horrores dos desaparecimentos coletivos, da destruição dos judeus na Europa, dos doentes mentais e dos ciganos. Ponto que Lacan abordou um pouco. Mas não sem se apoiar nele para introduzir, desde o começo de seu ensino, a categoria do real, que ele retoma quando fala dos campos de concentração, notadamente na "Proposição do passe".[5] Mas hoje, na França – em outros lugares também –, o impacto da ruptura da história sobre o humano e, assim, sobre a função do sujeito insiste e suscita questões, debates, elaborações.[6]

Coloca-se aqui uma questão: será que o lugar de Lacan, seu ensino e sua prática teriam possibilitado a mulheres e homens judeus serem analisandos (e, a alguns, tornarem-se analistas) e – em vez de fugir por seu sintoma no religioso, na militância ou no nacionalismo – inscreverem-se no saber descoberto no transcurso de sua psicanálise pessoal, inscreverem nela de modo singular a relação deles com o fato e com o significante judeus, nem mais nem menos?

Jean-Jacques Moscovitz

[5] Cf. J. Lacan, "Proposição de 9 de outubro de 1967 sobre o psicanalista da Escola", in op.cit.: "A terceira facticidade, real, sumamente real, tão real que o real é mais hipócrita ao promovê-la do que a língua, é o que torna dizível o termo campo de concentração, sobre o qual nos parece que nossos pensadores, vagando do Humanismo ao terror, não se concentraram o bastante. Abreviemos dizendo que o que vimos emergir deles, para nosso horror, representou a reação de precursores em relação ao que se irá desenvolvendo como consequência do remanejamento dos grupos sociais pela ciência, e, nominalmente, da universalização que ela ali introduz."

[6] Cf. J.-J. Moscovitz, *D'où viennent les parents?*. Paris, L'Harmattan, 1991 (reedição em 2007 com o subtítulo *Psychanalyse depuis la Shoah*).

8 | Sobre a distinção lacaniana entre a psicanálise terapêutica e a psicanálise didática

Para Jean Clavreul

A psicanálise é, indiscutivelmente, um método terapêutico. Tal fato acarreta, segundo Lacan, responsabilidades que o analista pode e deve assumir. Uma lembrança que remonta aos anos 60 me volta agora. Recebi um pedido de análise por parte de um jovem médico que tinha reagido ao afastamento de sua terra natal com uma depressão grave. Escutando-o, perguntei-me se não havia ali uma melancolia incubada. Com essa dúvida, fui consultar Lacan. Sua resposta foi, textualmente: "É o tipo de demanda que não devemos hesitar em aceitar."

Isso não impede que nos textos publicados no *Anuário* da EFP, onde ele resume sua concepção das instituições psicanalíticas em geral e do funcionamento dessa escola em particular, Lacan estabeleça uma diferença entre a psicanálise didática dita "pura" e a psicanálise terapêutica qualificada de "aplicada". Essa distinção repousa, em última instância, no argumento de que a didática recusa qualquer "relaxamento de seu rigor",[1] ao qual a terapêutica convidaria. Esse argumento

[1] Cf. *Anuário*, p.8.

permanece puramente verbal, vazio de conteúdo enquanto não se tiver definido o que se deve entender por "rigor".

Proponho-me a relatar aqui duas observações relativas a duas análises que remontam a mais de 30 anos, uma das quais era "didática" no sentido simplista, mas fundamental, de que era motivada, entre outras coisas, pela demanda de se tornar analista. Aceitei essa demanda porque não vi nenhuma objeção a isso, mas preveni a pessoa que a formulou que ela o fazia sem saber onde estava se metendo, pois ninguém – e o analista não mais que qualquer outro – pode prever as surpresas que o desenrolar de uma análise reserva. É verdade que tal "advertência" não causa grande impressão numa pessoa que ainda está longe de ter uma ideia da realidade do inconsciente, mas nem por isso devemos deixar de articulá-la, já que ela aplica um primeiro golpe no ideal de controle e na confiança ingênua que ele suscita. Acontece que essa análise, assim como a outra análise, terapêutica, redundou em fracasso. O que me proponho a relatar são as circunstâncias que cercaram esses fracassos. Em primeiro lugar, porque isso me ajudará a definir o que entendo por "rigor". Em segundo, porque essa definição me permitirá concluir que a distinção entre didática e terapêutica, na verdade, não corresponde a nada.

A primeira análise foi a de um jovem que pertencia a um meio social em que as mulheres – cuja autoridade em casa era admitida sem problemas pelos homens – tinham pelo significante paterno um respeito próximo da veneração. O pai dele sofria de uma paralisia que o imobilizava em uma cadeira; era um homem afável que suportava estoicamente seu mal. O filho o adorava. Ele (o filho) tinha uma irmã. Mas, no fundo de sua vivência de menino, nem ela nem as outras mulheres da família estavam representadas como objetos interditos, mas sim como coisas dele, assim como ele era delas. Era o filho que, por assim dizer, tinha todas as mulheres. Só que sua afeição pelo pai era tal que o filho as cedia para ele de bom grado. Englobado no mundo, ele, por sua vez, o englobava tranquilamente. Numa virada de sua análise, ele fez o seguinte relato:

> Depois da morte de meu pai, ocorreu-me a ideia de que se o sacrifício da coisa mais importante para mim bastasse para fazê-lo voltar à vida, eu o faria. A coisa mais importante para mim era meu canivete; fui, portanto, cavar um buraco ao pé de uma árvore, pus meu canivete ali e o cobri. No caminho de volta, vi minha irmã olhando para mim. Dei um grito que me pareceu encher o universo inteiro. Depois, no instante seguinte, percebi que estava de pé, imóvel e de boca aberta. Não tinha emitido nenhum som.

A ideia que primeiro vem à mente é que o olhar da irmã lhe significou a vanidade de seu sacrifício. Seu grito, que se conota em seu relato como um grito sem alguém que escute, voz que se apaga no próprio instante de sua emissão, representaria, nessa perspectiva, seu modo de acusar recebimento da realidade irrefutável da morte. Aceitaria de bom grado essa interpretação com uma retificação apenas. A morte em questão não era a sua, da qual ele não poderia estar mais distante, mas a de seu pai.

Cabe aqui lembrar que a interdição da mãe equivale a uma operação de evacuação que, no lugar da mãe subtraída ao gozo, deixa o que Lacan chama de o domínio do vacúolo ou o vazio central, onde ele localiza a *Coisa*. Portanto, o grito ressoar no templo: "O deus Pã morreu!" (e o olhar da irmã tinha, sem dúvida, este significado: seu pai nunca mais voltará!) significa, de pronto, isto: a barreira que cerca a Coisa cede, está aberta a porta para o gozo não simplesmente parcial, mas propriamente sadiano do Outro[2] – quer se vá num ou noutro

[2] Ver a lei desse gozo sadiano, tal como Lacan a formula em "Kant com Sade", in *Écrits*, Paris, Seuil, 1966. [Ed. bras.: *Escritos*. Rio de Janeiro, Jorge Zahar, 1998.]

sentido desse genitivo. É do fundo do horror desse gozo que surgiu aquele grito que era o próprio silêncio, tanto do céu como da terra.

Pouco tempo depois de ter feito esse relato, o analisando se apaixonou por uma moça chamada Chris, mas que, longe de lhe trazer a salvação, divertia-se exercendo seus caprichos sobre ele, sem qualquer freio. No entanto, seu apego a ela permaneceu indefectível, porquanto baseado numa apropriação íntima, intrapsíquica dele mesmo por ela, assim como dela por ele. Mais precisamente, ele "via" nela o reflexo de sua identidade íntima com o homem de Nazaré, ao mesmo tempo em que fazia dela sua cruz. Paralelamente, apareceu um delírio de perseguição cujo objeto era o barulho que faziam os vizinhos de cima. Passava sessões inteiras descrevendo seus sofrimentos, suas reclamações inúteis e suas brigas intermináveis. A análise estava em pane. Ele mesmo acabou encontrando a saída ao se associar a alguns colegas numa empresa de exploração de solo num país distante. Um ano ou dois depois da interrupção da análise veio me visitar. Recuperara seu aspecto de homem tranquilo e estava aparentemente reconciliado com sua nova condição. Quanto à psicanálise: "É um discurso como qualquer outro", disse-me ele. Da minha parte, sempre conservei o sentimento de que deveria ter intervindo entre ele e sua *fighting soul.*[3] Intervenção no sentido de uma contraofensiva ao gozo mórbido que ele encontrava na sua relação com a chamada Chris. Essa contraofensiva era necessária, até mesmo suficiente, para libertá-lo de um desejo capturado nas redes do sacrifício. Abordo aqui um ponto que o exemplo da outra análise tornará mais claro.

Trata-se de uma analisanda nascida em uma família onde quem detinha tradicionalmente a autoridade eram as mulhe-

[3] Cf. W. Shakespeare, *Hamlet*, ato III, cena 4.

res. Ela se lembra de uma foto em que figuravam cinco gerações de mulheres – de sua trisavó até ela mesma ainda bebê – de uma forma que a fazia pensar no encaixe das bonecas russas. Foi por meio do discurso dessa analisanda que encontrei pela primeira vez a fantasia da bainha vaginal como um pênis invertido. Fantasia cuja gênese se entende melhor se notarmos o gosto que alguns homens da família da analisanda tinham pelo travestismo mundano. Essa analisanda controlava perfeitamente sua célula familiar e podemos nos referir a ela como uma "mulher fálica". Só que, em si mesma, essa expressão não quer dizer muita coisa. O importante era a sua obsessão angustiada de manter o controle da imagem de seu corpo. Todas as atividades e todos os atributos eram divididos por ela entre o masculino e o feminino. Realidade sexual e insígnias do "*gender*" confundiam-se para ela. O exercício de uma atividade "masculina" ameaçava fazer aparecer a imagem fantasística de seu próprio corpo. Ora, por azar, foi exatamente o que lhe aconteceu. O estabelecimento em que trabalhava confiou-lhe um trabalho que, segundo seus critérios, entrava na categoria do "masculino". De pronto, ela se viu numa posição tão patética quanto insustentável. Por um lado, fez da execução daquele trabalho uma questão de vida ou morte, porque era de sua índole agir assim no mundo; por outro, isso significava que ela se conformava à sua mais temível fantasia, aquela que escondia a negação de seu próprio sexo. Apanhada, assim, entre a bigorna e o martelo, ela sucumbiu, para me exprimir brevemente, a um *nervous breakdown*. Quando esteve em condições de retomar seu cotidiano, instalou-se uma transferência negativa que excluiu qualquer possibilidade de retomada da análise.

Ora, não é porque uma análise é ratificada de início como terapêutica ou didática que o analista não deveria intervir, no primeiro caso, para poupar ao analisando o suplício de um *acting out* que eu não diria masoquista, mas, mais grave, sacrificial; e, no segundo exemplo, para apoiar a analisanda na sua luta desesperada contra uma angústia tão arrasadora. Na verdade, da posição em que estou agora, eu não teria hesitado em pedir à analisanda que renunciasse ao trabalho que ela tinha se imposto, prometendo-lhe, em troca, colaborar com ela na execução de uma tarefa ou de um projeto qualquer. O leitor não deixará de ver de que maneira, endereçada ao sujeito do inconsciente, tal promessa teria contribuído para amenizar, senão para desmentir, a dicotomia masculino/feminino sobreposta à do fálico/afálico.

Isso me leva a definir o que entendo por "rigor".

Existem dois tipos de análise. Aquele que se dirige ao eu, considerado, segundo a expressão de alguém como Fenichel, a instância que fala e que entende o sentido das palavras. Essa concepção do outro a quem o analista se dirige, ou daquele a quem o analista se dirige como outro, traz consigo um cortejo de noções, tais como a parte sadia do eu, a aliança terapêutica, o caráter "simples" da situação psicanalítica, o fim da análise como identificação ao analista etc. A outra análise é aquela que se dirige ao que se denomina correntemente "bom entendedor" ou, para retomar um termo freudiano que Alain Didier-Weill realçou, ao *dritte Person*, ou seja, ao sujeito do desejo inconsciente, aquele por cuja boca a verdade aparece ali mesmo onde a mentira é denunciada. Ora, considero que uma análise é *rigorosa* se ela procede de uma justa apreciação do desejo ou da fantasia inconsciente e da dinâmica que ele põe em ação: angústia, defesas, *acting out* etc. A partir daí, a distinção entre "didática" e "terapêutica" desaparece, na medida em que a primeira só se caracteriza, segundo os termos de Lacan, por seu "rigor".

Aqui surge um problema. É por certo duvidoso que um analisando sujeito a uma fantasia que suscita um *acting out* tão dramático ou uma angústia tão incontrolável tenha condições de exercer de modo conveniente a profissão analítica. Mas, será essa uma eventualidade que o método de seleção praticado pelas sociedades psicanalíticas filiadas à Internacional evita? Duvido. Aconteceu-me de conduzir análises autorizadas pela comissão de estudos da Sociedade Francesa de Psicanálise, nos tempos em que essa sociedade funcionava sob a égide de um comitê escolhido pela IPA. Pergunto-me se essa comissão teria tomado sempre as mesmas decisões se tivesse tido um conhecimento mais amplo do desenrolar e do término dessas análises.

Dirão que as sociedades "ipaístas" conservam a possibilidade de "limitar os estragos" reservando-se o direito de autorizar, ou não, a passagem para a supervisão. É sabido, porém, que a não autorização de forma nenhuma impede quem queira exercer a psicanálise – naquilo que esse exercício comporta de realização de uma fantasia ignorada – de passar alegremente ao ato, sobretudo se estiver munido do título de médico, psiquiatra ou psicólogo.

É verdade que a porcentagem desse tipo de desventura aumenta ali onde a inteligência daqueles a quem se dirige o princípio "o analista só se autoriza por si mesmo" não dá ao mesmo princípio outro sentido senão o de que o analista estaria livre para fazer o que lhe desse na telha. Esse, porém, não é um motivo para voltar atrás de um princípio que salva a transmissão psicanalítica de ser ingenuamente assimilada a um assunto de mestres ou mais velhos. Aliás, Lacan não deixou de dar provas da prudência que aqui se impõe, ao reservar para a instituição o direito de reconhecer, ou não, a autorização cuja responsabilidade o analista assume, conforme o que se verifique de seu efetivo funcionamento.

Basta ter feito uma supervisão prolongada com Lacan para ter uma ideia de sua concepção da formação ou da transmissão psicanalítica em geral. Ao contrário de seus outros colegas (e fiz supervisões com muitos deles), Lacan não procurava ensinar como conduzir uma análise. Deixava você agir o melhor que podia, o que significa que ele deixava a seu cargo o cuidado de se informar se você estava suficientemente preparado, ou se o acúmulo das contratransferências, das intervenções extra-analíticas – tais como as supostamente destinadas a atenuar a culpa, sem falar do mal-estar interno e no fato de falar mais de si próprio que do seu paciente etc. – levava você a concluir que era o caso de retomar sua análise. Numa palavra, para Lacan, "formar um analista" era, acima de tudo, dar todas as oportunidades para que algo da ordem do analista se realizasse. Ou, para dizer de outra forma, para que algo se atenuasse não tanto de seu narcisismo, como dizem repetidamente, mas das certezas que o eu tira de sua fantasia fundamental.

A questão do fim da análise está inseparavelmente vinculada à da análise didática. Tudo se passou como se fosse óbvio que a análise do candidato analista deveria ir até o fim, mas ninguém nunca demonstrou em que consistia esse fim. A experiência preconizada por Lacan para esse fim, a saber, o passe, foi um fracasso. Isso não quer dizer que os critérios de fim de análise que ele indicou não correspondam a nada: descrevem, antes, os diferentes aspectos segundo os quais a dinâmica do trabalho analítico ou do inconsciente se efetua, para não falar de sua lógica. De todo modo, a partir do momento em que a diferença entre didática e terapêutica desaparece, a questão do fim da análise deve ser reconsiderada, sobretudo se admitirmos a parcela de desconhecido que há em toda escolha, bem como em toda decisão – exceto nos casos em que a presença da fantasia é maciça.

Moustapha Safouan

9 | Praticar Lacan

"Mais ainda, Lacan!" Não pensem que é um ato realizado de mau humor, é apenas uma paródia ruim, mas como impedir de citar mais e mais esse Lacan que, aqui e ali, chega até a brincar com seu nome na terceira pessoa? Entendam que estou com um sério problema: como falar de Lacan sem ser invadido por Lacan, passando a falar lacaniano? Não sei se o mesmo acontece com vocês, mas essa dificuldade toma conta de mim sempre que se trata de tocar, o mínimo que seja, nessa coisa tão desejável quanto inquietante, tão próxima quanto inacessível, que fica no avesso do nosso ser com o nome de Lacan. Digo *nosso* ser porque, afinal, trata-se de uma questão coletiva: de certo modo, ele e nós coabitamos até nos tornarmos especialistas da coabitação, com as vantagens e as desvantagens disso. Essa questão nos concerne coletivamente, pois constitui, em certa medida, a base do laço social que sustenta os grupos lacanianos. É verdade que ela os sustenta separadamente, já que cada um é Um. Mas eis que meu Um se veste de maiúscula e se dá ares de importância. Pareceria fomentado por um vírus programado para me compelir à paráfrase, quando não à citação. A paráfrase, ao menos aquilo que chamo assim, era bastante difundida em nosso meio e estava evidentemente ligada à transferência. A paráfrase serve para dizer a ele que o amamos recusando, ao mesmo tempo, o que ele nos dá. Admito que isso é um tanto obscuro, mas vou procurar fazê-los entender o que quero dizer.

Quando você tratava com Lacan, logo entendia que ele era do tipo que cuidava de seu personagem. Um modo de vestir que roçava o excêntrico, dando-lhe uma aparência que beirava o ridículo; em suma, ele não passava despercebido. E na sua forma de se comunicar, mesmo no nível mais cotidiano, ele o fazia com um toque pessoal que não era dos mais neutros. Ao conviver com ele, era-se, portanto, inevitavelmente levado a forjar um ponto de vista sobre o personagem, mas, embora se queira agora discorrer a respeito – e, de fato, por que se privar disso? –, é duvidoso que algo de útil se transmita e venha ocupar um lugar no saber da psicanálise.

Existem muitos depoimentos que se dedicam a dar conta de seus métodos e de sua prática. Vocês devem ter notado que eles tendem, em geral, para um teor hagiográfico irresistível, mas às vezes também, ao contrário, para uma crítica maciça, o que tem poucas chances de acontecer hoje nesta sala, pelo menos é o que imagino. Isso confirma, como se fosse preciso, que Lacan não deixava ninguém indiferente. Todavia, temos o direito de indagar por que razão ele suscita em seus comentadores frases tão estereotipadas. Voltarei a essa questão e me guiarei pela ideia de que isso se produz quando se aborda Lacan como um todo, ou seja, por um viés tal que ele pareça ser o mestre de um discurso do qual não nos restaria mais que ser os súditos, obedientes ou indóceis. Com efeito, trata-se de uma posição bem difícil de manter sem logo se tornar seu joguete, e é isso o que nos espreita quando interrogamos

Lacan em seus métodos e em sua prática, ou seja, ao lhe fazer perguntas cujas respostas são tiradas de seu próprio discurso. Em vez disso, podemos tentar perguntar o que aparece quando nós o praticamos, isto é, quando nos prestamos a seus métodos e à sua prática.

Na chamada inicial desta Jornada, o tema era a prática e *os* métodos de Lacan. Por que esse plural? Em geral, atemo-nos a um método, aquele considerado o bom – e é a isso precisamente que se chama ser metódico. É verdade que "metódico" não soa muito correto a propósito de Lacan, que era completamente imprevisível. Mas eu me prometi não entrar no terreno do personagem e vou fazer apenas um pequeno comentário para indicar que, por trás do imprevisível, desenhava-se uma silhueta portadora de um querer imperioso que não dista de evocar o imperativo rigoroso que, afinal, está no princípio de qualquer método.

Seja como for, ele mesmo dirimiu a questão antes que ela lhe fosse posta ou mesmo oposta. Deus sabe como o alfinetaram em muitas ocasiões a esse respeito, mas era em vão, ele evidentemente já tinha feito a sua escolha: "Eu sou freudiano", pronto. Repetiu isso de todas as formas possíveis e nunca parou de se inscrever sob essa bandeira. Chegou até a pronunciar, bastante tardiamente, esta frase: "Tudo o que eu disse, Freud disse antes de mim."

É uma declaração bem estranha se nos detivermos nela por um instante. Estranha porque, vindo de um psicanalista, ser freudiano, em princípio, é algo óbvio, então por que ter de repetir isso? Estranha e paradoxal também porque esse ensino não para de retomar Freud, ainda que seja para reconduzi-lo lacanianamente ao caminho freudiano. Não posso deixar de lhes contar que, diante dessa palavra bárbara, o corretor gramatical de meu computador instantaneamente começou a funcionar: propôs substituir "lacanianamente", vocês devem ter adivinhado, pela expressão "lacaniana mente"! Devemos crer que a inteligência artificial está impregnada de nossos tiques, ou o contrário?

Volto às minhas colocações. A reiteração do "Eu sou freudiano" ganha, pois, certo relevo. Para nós, a questão se desloca um pouco: o que significa esse apelo ao reconhecimento? Pois disso se trata, vocês certamente concordarão. Nem mesmo é necessário recorrer ao truque da mensagem invertida. "Eu sou freudiano" quer dizer: não se enganem, reconheçam que meu discurso se sustenta, reconheçam que sou consequente com o postulado de partida do sujeito freudiano.

A fim de evitar um mal-entendido, cumpre dizer que esse reconhecimento não é de forma alguma pedido tendo em vista uma ortodoxia qualquer. Sobre esse ponto, Lacan nunca foi seriamente acusado, apesar de Spinoza e da paixão que marcou "o assunto da excomunhão". Tampouco se pode afirmar que seu pedido de reconhecimento seja oportunista, que esteja ligado a um cálculo tático – por exemplo, proteger-se atrás do biombo freudiano para que seu discurso passe mais facilmente, ou procurar ganhar partes do mercado da psicanálise. Essas razões devem ser apreciadas de acordo com as sensibilidades de uns e outros, mas nada têm a ver com o terreno em que nos situamos aqui.

Esse pedido de reconhecimento só nos interessa porque pertence à lógica interna de seu discurso. Ele próprio, todos admitem, não tem qualquer necessidade de reconhecimento, seu narcisismo não tem do que se queixar. O que ele precisa é de outra ordem. "Eu sou freudiano" tem o mesmo valor que o "Eu sou rigoroso" lançado um dia ao seu auditório. Percebe-se claramente que dessa afirmação resulta um ônus da prova e, ao mesmo tempo, a exigência da tarefa a levar adiante. Por que ele teria tido de sustentar esse pedido de reconhecimento até o fim da vida, senão para se obrigar a responder a ele?

Então, a quem ele o endereça? Pergunta aparentemente absurda. Endereça-o, evidentemente, ao público diante do qual ele se produz e junto ao qual ele sabe perfeitamente se fazer presente, de maneira excepcional até. De jeito nenhum aparenta estar alhures, falar para si mesmo e estar entregue ao mundo de seus pensamentos; aliás, reciprocamente, seu auditório está totalmente cativo. No entanto, quero lhes fazer observar que, apesar desse domínio sobre os que estão presentes e que, em sua maioria, bebem suas palavras, apesar disso ele não consegue encontrar neles o que busca. Precisa da garantia freudiana para assegurar a coerência de seu discurso. Ele não é professor, ele está só. Sabe muito bem que não é de seu público que pode esperar essa garantia, pois este não está em condição de lhe dar. Por que razão? Simples: o que realmente quer dizer "freudiano" não está dado de saída. Está simplesmente dito, como um saber ao qual se adere, mas não está significado, isto é, você não é introduzido nesse saber como sujeito, essa significação será destilada, a conta-gotas, à medida que a palavra de Lacan corra, com suas escansões e suas retomadas incessantes ao longo de todo o *continuum* representado por sua prática de ensino. Em outras palavras, e é este o ponto forte: "freudiano" é uma significação mantida em suspenso pelo discurso que o reivindica. Se cumprisse situar essa significação supostamente fundadora, não seria antes, mas depois da fala de Lacan. Ele a elabora, ele a produz, decerto, mas na medida em que ela o representa para a instância de garantia que o nome de Freud implica. Assim é que ele próprio se faz um nome, e isso me parece conforme com o que ele indicou como sendo, diante de seu público, sua própria posição de analisando.

Nessas condições, é lógico que a exigência do "Eu sou freudiano" o leve a enviar seu endereçamento para além de seu público, mesmo que seja necessariamente por meio dele.

Se essa lógica funciona, então o que é instaurado desse modo não pode deixar de ter efeitos específicos sobre aqueles que participam do assunto. Seja no divã, seja nas fileiras apertadas do público dos seminários, seja em ambos, e era frequentemente o caso, você era pego numa contradição geralmente despercebida. Contradição é impróprio. Melhor dizendo, estava metido numa espécie de quiasmo. Duas dimensões se entrecruzavam e se comandavam mutuamente.

Havia um Lacan que não se importava em endereçar uma forma de interpelação e mesmo, vez por outra, de provocação, desdobrando-se para que entendessem que o que estava em jogo no que dizia era a boa oportunidade da psicanálise. E, para nos convidar a não perdê-la, advertia-nos: agarrem-se, contribuam! Era isso o que ele nos repetia, a seu modo, claro. Deve-se dizer que tínhamos certa dificuldade de contribuir com nossa parte, porque um dos efeitos de seu dizer era deixar-nos mudos de espanto! Éramos levados a crer que tudo já estava dito. Mas ele se esmerava visivelmente para estar em contato com seu público, sem por isso lhe facilitar as coisas. E seus esforços não eram em vão, o público se sentia confortado e tinha a impressão de pegar sua parte da substantiva medula.

E, no mesmo movimento, ao mesmo tempo, no mesmo lugar, com as mesmas pessoas e as mesmas palavras, um outro psicodrama acontecia, durante o qual um outro Lacan dava prosseguimento à sua incansável busca, sem nenhuma consideração por esse público, exceto a de tê-lo como puro suporte. Absolutamente necessário, sem dúvida, mas que, como suporte, não estava, dessa vez, nem um pouco em contato com seu discurso. Claro, isso não era manifesto, mas não deixava de ter efeitos. Vivamente interpelados pelo primeiro Lacan, os alunos entravam na tarefa e engatavam naturalmente nos pontos que os tinham tocado por seu tom de verdade. E era justamente ali que o segundo Lacan fazia sentir seu próprio peso.

Aqueles que acreditavam estarem certos de terem apreendido bem seu discurso e se esforçavam para fazer valer o que dele tinham recebido, estes, no entretempo, tinham se identificado, sem se dar conta, com o ponto de apoio, com o suporte que eram para ele.

O resultado é que se viam sujeitos a um muito compacto "pensamento-Lacan", se me permitem a palavra. Tento sugerir assim um pensamento devolvido ao emissor. Ele se reflete em você sem penetrar, já que você se fez espelho dele, ou, melhor dizendo, sua câmara de eco. Ele pode ate habitá-lo, talvez até estorvá-lo, nem por isso deixa de ser um bloco, isto é, uma estrutura que permanece fechada para você. Tanto que, quando era filtrado através dessa estrutura, o pensamento de Lacan não ganhava nada com isso.

Mas a formação do analista era a esse preço, nutria-se dessas dificuldades, pois praticar Lacan era isso, uma ginástica em que você tinha de compor o melhor com o pior, sem saber o que era o melhor e o que era o pior. Seria esse o estado de felicidade em que você punha a performance que ele lhe oferecia fazendo-o partilhar dela? Ou o sentimento de inconsistência, para não dizer de derrelição, no qual o distanciamento dele o fazia mergulhar, obscuramente percebido, sem entender muito bem que isso fazia parte da lógica da situação?

Por mais que os sucessivos enunciados se acumulassem, com inflexões de verdade que, aliás, podiam acabar embaralhando a mensagem, o fato é que no transcurso dessa prova entabulava-se um comércio insubstituível com uma verdade em ato à qual você não podia se subtrair. Ela fisgava você porque era a réplica daquela que, pelo lado dele, o conduzia, e cujo desejo a química do discurso dele tinha conseguido lhe transmitir. De fato, fora preciso renunciar às vantagens de uma certa psicologia freudiana, lá onde os discípulos de Freud encontravam um quadro acolhedor para a cocção de sua clínica – a farta correspondência deles com Freud mostra isso de forma evidente. Não dispúnhamos desse recurso, e de nada que fizesse as vezes dele, salvo se nos perdêssemos, mas era justamente aí, nessa disciplina que poderíamos chamar de negativa, porque traçava em negativo a via por onde tínhamos de nos orientar, era aí que topávamos com o que eu chamava uma verdade em ato.

Evidentemente, cada um se virava como podia, mas cumpre reconhecer que era uma formação e tanto, pura psicanálise eu diria, mas isso, temo, já seria ultrapassar os limites. A lição que aprendi foi, antes, que não existe psicanálise pura, exceto no ideal, o que é em si uma contradição.

Dito isso, a experiência que acabo de relatar naturalmente parecerá muito distante das preocupações dos lacanianos de hoje e temo que a incluam, não sem razão, entre as lembranças de um antigo combatente.

No entanto, será que se poderia dizer que a ginástica de que falei continua a produzir nos dias atuais, mediante a prática dos textos de Lacan, efeitos análogos? É difícil avaliar em termos gerais; contudo, observei com alguns analisandos que essa prática textual ainda conserva certo poder formador que não se confunde de todo com o que neles se ensina, propriamente falando.

Colocar essa abordagem em perspectiva obriga a levar em conta o que só tem com o texto uma relação evanescente, ou seja, a voz. Lacan era também uma voz. Retomando minha clivagem de agora há pouco, eu não saberia dizer se ela pertencia àquele que nos encantava para nos fustigar ou àquele que nos abandonava a nosso *Dasein* enquanto se entretinha com sua questão. Ela, sem dúvida, fazia o vínculo entre os dois, mas, em todo caso, era preciso contar com ela e suas várias modulações, com as quais ele brincava para dar plena eficácia à sua palavra. Isso posto, cabe indagar se, nas análises que ele conduzia, a voz do analista era duplicada pela do mestre que se fazia ouvir conforme a pontuação – dessa vez, metódica – dos seminários. É provável, mas não vejo como mostrar isso senão sob a forma de uma hipotética reconstrução.

O transplante da voz do seminário para o campo próprio da análise exercia-se nas duas direções. Se você estava em análise com ele, não assistia ao seminário sem ali estar também a título de analisando, a tal ponto que alguns ouviam suas palavras como mensagens pessoais. E, na outra direção, quando você se instalava no seu divã, fazia-o todo envolto pelas ressonâncias da voz do mestre que ele se tornara fora da sessão.

Não é muito difícil adivinhar só-depois que nesse contexto uma certa voz grossa estava em ação. No pano de fundo do método de Lacan desenha-se um imperativo rigoroso que o concernia, mas era justamente isso que nos cativava. Quando Lacan faz apelo a Freud, é a estátua do Comendador que ele desafia emprestando-lhe sua voz e, ao mesmo tempo, essa lógica faz de nós, lacanianos, borboletas espetadas em sua caixa. No negócio, éramos o resto da operação. Mas ele não ultrapassa a linha, não funda uma outra psicanálise, faz nome enfrentando Freud com obstinação sem afastá-lo de seu caminho, e com razão. Embora tenha morrido esgotado, não pretendeu ter esgotado a significação do objeto freudiano; deixou-nos somente esse pacote do qual talvez acreditamos poder nos alijar ao nos identificar como lacanianos.

Na época do seminário, os gravadores puseram-se progressivamente a pulular. Havia naquilo uma necessidade de guardar marcas. Quando essas marcas não foram escritas e guardadas pela via oficial, permitiram transcrever e publicar a maioria das exposições orais de Lacan. O que acontece, porém, quando hoje recorremos às gravações como se fossem um complemento do escrito? Será que recuperamos o que, por natureza, estava destinado a se perder? Será que a distância original entre fala e transcrição é igual à que existe entre esta e a fala gravada?

Não tenho nenhum tipo de preconceito a respeito disso; todavia, parece-me que o texto conserva um potencial de provocação a cada leitura e, por conseguinte, de transmissão viva. Quanto à fała reproduzida, por mais viva que a fita a transmita, ela está assim mesmo pronunciada por uma voz agora privada do que constituía seu preço no circuito pulsional, a saber, dispor-se à perda com os efeitos que disso se seguem. Não lhes parece que esse objeto, ao ser devolvido ao mundo, adota a figura inquietante de um espectro? Poderiam objetar a isso dizendo que, por obra e graça da eletrônica, a voz de Maria Callas felizmente não se expôs à perda. Mas, justamente, isso nos põe diante de uma questão: que acontece com os praticantes de Lacan que somos quando o praticamos como faríamos com uma diva?

Christian Simatos

10 Lacan, grande homem

A prática de Lacan parecia um formidável número de equilibrista genial. Podem testemunhar isso aqueles que se relacionaram com ele como pacientes, como provam estas Jornadas. Não é uma prática transmissível, ela deve demais ao gênio peculiar dele. Infelizmente, ela foi muitas vezes parodiada, chegando à caricatura. O que funda uma prática, para além dos pressupostos teóricos nos quais se apoia, é o estilo daquele que a põe em ato. Uma teoria se transmite, um estilo certamente não, marcado que está pelo mais íntimo da relação de um sujeito com o Outro.

A prática de Lacan não foi conveniente a todos os seus pacientes. Alguns se afastaram; outros, ao contrário, viram-se paralisados numa posição de identificação imaginária à sua pessoa, o que era totalmente oposto ao que ele mesmo indicava como término desejável de uma análise – sua prática, centrada no corte, permitiu o efeito inverso, de cola. Outros analisandos de Lacan, ainda que agradecidos por ele lhes ter possibilitado levar a cabo sua análise, nem por isso deixam de questionar certos aspectos de sua prática. Raramente expõem suas questões, provavelmente por medo de levar água para o moinho daqueles que só estão esperando isso para tentar desacreditá-lo.

Não fiz análise com Lacan, mas uma supervisão. Pude, portanto, ter alguma ideia de seu estilo, mas não posso testemunhar como analisanda de sua prática. Em contrapartida, naquela época em que conversávamos muito entre nós sobre nossos tratamentos, recolhi inúmeros testemunhos de amigos e colegas sobre a análise deles com Lacan. Comunico-lhes, portanto, uma opinião que comporta tanto as vantagens (menos "grude" transferencial) como as desvantagens (falta de "vivência") de ter sido forjada sobre testemunhos indiretos.

Solidão de Lacan

Lacan sempre operou na solidão. À exceção de Freud, as referências àqueles que ele chama de mestres situam-se fora do campo psicanalítico. Raramente alguém interroga sua breve análise e pareceria quase incongruente indagar-se, ainda que isso seja tão essencial para cada analista, sobre a natureza e a duração de sua ou suas supervisões.

Solidão enunciada por ele mesmo ("Fundo – tão sozinho quanto sempre estive em minha relação com a causa psicanalítica ..."),[1] por ocasião da criação de sua escola, com um tom gaullista que vem nos lembrar a solidão do fundador, seja de uma discursividade nova, de um império ou de uma "certa

[1] J. Lacan, "Fondation de l'EFP par Jacques Lacan", *L'Excommunication*, suplemento do n.8 de *Ornicar?*, Boletim periódico do Campo Freudiano, p.149. [Ed. bras.: "Ato de fundação", in *Outros escritos*. Rio de Janeiro, Jorge Zahar, 2003, p.235.]

ideia da França".[2] Trata-se, sejamos claros, da solidão do *grande homem*. Estará este, de certo modo, condenado a não ter senão discípulos ou inimigos?

A solidão de Lacan foi bem real. Alguns alunos seus, querendo fazer valer suas diferenças, afastaram-se irremediavelmente. "Não há meio de me seguir sem passar por meus significantes", dizia ele. Aqueles que quiseram evitar esse momento de alienação perderam um ensino que estava revolucionando a psicanálise. Mas aqueles que o seguiram também tiveram, com muita frequência, de pagar o preço, o preço de uma *alienação* da qual depois se livraram como puderam – em certos casos, nem tão bem, ficando o momento de uma necessária *separação* às vezes postergado em nome das delícias da identificação imaginária. O mestre de pensamento não tem outra escolha senão alienar seus discípulos ou aliená-los de si.

Assim, nos últimos anos do ensino de Lacan, propagou-se um mimetismo tanto de seu discurso como de seu estilo, cujos efeitos ainda distam de terem sido assimilados, pois a transmissão dessa imitação a seus analisandos, por parte desses zelosos alunos, de certo modo deu cria.

A sombra do mestre de pensamento

Lacan evoca a figura do *grande homem* na abertura de seus *Escritos*. Mas é para melhor esconjurá-la, convocando, para isso, Buffon. E não é por acaso que ele liga essa figura à questão do *estilo*. É conhecido o estilo – original, inimitável, único – de seus *Escritos*. Não há nada em Buffon, nota Lacan, que provenha do natural. Não esqueçamos, por sinal, que ele chegou a

[2] Charles de Gaulle, *Mémoires de guerre*. Paris, Plon, vol.1, 1954. (N.T.)

brincar com a homofonia entre "Buffon" e "bufão": a postura de grande homem daquele nada deve à natureza.

O homem em questão na frase "o estilo é o próprio homem" revela-se, diz ele, ser uma fantasia do grande homem (a de Buffon, no caso) composta em um roteiro tal que ela toma sua casa inteira. Lacan acrescenta: "O estilo é ... o homem a quem nos endereçamos." Em outras palavras, prossegue ele, aquele que confirma a formulação de que "nossa mensagem nos vem do Outro ... de forma invertida. ... Mas se o homem se reduzisse a ser nada além do lugar de retorno de nosso discurso, não nos voltaria a questão de para que lho endereçar?"[3]

Observação lógica que implica um passo a mais, que será este: caberá ao leitor (dos *Escritos* e particularmente de *A carta roubada*) devolver à carta/letra sua destinação. O leitor, como sujeito, se verá dividido pelo discurso que a ele chega (detalhe que o "ministro" da história de Poe desprezou). Deverá, portanto, responder, de seu próprio lugar de enunciação, ao discurso que lhe é endereçado e implicar, assim, sua própria subjetividade. Somente desse modo conseguirá não ser *a voz de seu mestre*, voto formulado por Lacan desta forma: que seja "esconjurada a sombra do mestre de pensamento". Toda a questão está em saber se ele foi bem-sucedido nisso, se podia fazê-lo e, além disso, se fez de tudo para que assim fosse.

Prossigamos a leitura dessa abertura: "É o objeto que responde à pergunta sobre o estilo que formulamos logo de saída. A esse lugar [o do estilo, portanto] que, para Buffon, era marcado pelo homem, chamamos de queda desse objeto." À alienação no discurso do Outro corresponde, pois, um movimento de separação que faz surgir o objeto *a*, e é essa operação que dá seu estilo... ao estilo.

[3] J. Lacan, *Écrits*. Paris, Seuil, 1966, p.9. [Ed. bras.: *Escritos*. Rio de Janeiro, Jorge Zahar, 1998, p.9.]

Terá Lacan obtido êxito nessa operação de separação ou, ao contrário, não teve alternativa senão fazer com que seu estilo se tornasse o do *homem* Lacan? Em outros termos, terá sido apanhado pela fantasia de *grande homem*, da qual ele zomba por meio de Buffon? O mestre de pensamento foi realmente esconjurado? Essas palavras, ditas como abertura dos *Escritos*, parecem uma defesa *pro domo*, mas será que não podemos também ver pairar nelas a sombra da... denegação?

Retrato do analista como grande homem

Tentemos ver com mais clareza. Conhecemos o lado de bufonaria intencional, de exagero nos traços, de acentuação do semblante que o estilo de Lacan iria comportar no seu endereçamento ao outro. Posso contar uma anedota para mostrá-lo: um dia, na saída de uma sessão de supervisão, dei-lhe um pequeno texto que tinha escrito. No dia seguinte, houve um congresso da Escola Freudiana que terminou com uma grande festa no Pré Catelan: encontrando-me perto do bufê, vi Lacan precipitar-se na minha direção, abrindo caminho na multidão para me perguntar, a mim que estava esperando, com o coração na mão, algum comentário sobre meu modesto artigo: "Simonney, onde está o leitão?" Eis uma encenação do semblante totalmente adequada para se desinchar um pouco o *eu* – desde que, claro, sua estrutura não o leve a proferir dentro de você mesmo a resposta: "Eu venho do salsicheiro!"[4]

O *grande homem* é, decerto, uma fantasia, mas não sem efeitos sobre aquele que se vê vestindo esse traje. Ele vai se ver ocupar, aos olhos dos outros, o lugar da exceção, do *Um*,

[4] Quem achar que essa alusão é obscura deve consultar J. Lacan, op.cit., p.534. [Ed. bras.: p.540.]

daquele que escapa à castração. O estilo do *grande homem* vem amiúde acentuar o semblante de sua própria grandeza, único modo que ele talvez tenha de escapar à alienação que o espreita se ele ficar preso à identificação à sua própria pessoa e perder nela sua potencialidade de divisão subjetiva e, portanto, de desejo.

Tomemos o exemplo do general De Gaulle, que podemos legitimamente incluir nessa categoria de *grandes homens*. Quem teve a oportunidade de vê-lo na televisão se lembra de seu estilo de uma originalidade desconcertante, feita de um manejo genial, mas também empático e teatral da língua francesa. As futuras gerações, ao assistirem à gravação daquelas entrevistas coletivas, descobrirão um estilo que nada fica a dever ao de Lacan em Louvain. Se passarmos em revista o número, finalmente bastante restrito de *grandes homens*, encontraremos com frequência esse estilo, genial e bufo ao mesmo tempo, imortalizado por Einstein ao expor a língua para o fotógrafo.

O sujeito contrabalança então sua condição de exceção, na medida em que cria um discurso e forja novos significantes mediante uma teatralidade em que ele próprio exibe o semblante que afeta todo discurso e, portanto, o seu, única possibilidade que ele tem de escapar a uma alienação em que ficaria identificado a seus próprios significantes e que o levaria àquela loucura que poderia ser definida por "Napoleão que acredita ser Napoleão".

O analista, mesmo que não seja famoso, é, por obra e graça da transferência, um *grande homem* para seu analisando. Deve, portanto, zelar para se manter no lugar mesmo do semblante, como objeto *a*, destinado a cair, e é por sua capacidade de fazê-lo que, *in fine*, seu estilo será apreciado. Porém, não é a mesma coisa ser um *grande homem* para todos e sê-lo apenas para seu paciente. O que ocorre se, à medida que este último o "dessupõe" de seu saber, o analista, por seu lado, inventa saber em "jato contínuo"? Se Lacan foi um *suposto saber* para seus pacientes, também foi, para esses mesmos pacientes, aquele que inventava, que descobria, em suma, aquele que *sabia*. Lacan não foi ele mesmo vítima do que eu chamaria sua alienação de *grande homem*, que vem, grileira importuna, desalojá-lo em parte de seu lugar de objeto *a*, lugar do semblante indispensável para sustentar o discurso analítico e destinado a cair no final do percurso? Não digo, claro, que Lacan não manejasse o semblante com a sua sabida genialidade, mas que esse *grande homem*, esse *mestre* nele, parasitou – mais do que ele previu e, sobretudo, se deu conta – seu lugar de analista.

Um tropismo incestuoso

Nosso genial decifrador de enigmas, questionador incansável da *esfinge*, não irá se ver, a despeito de todo o seu discurso orientado em sentido inverso, tragado por algum tropismo incestuoso que o devolverá à condição de todo-poderoso *grande homem*, à condição de exceção, ao estatuto do *Um* que escapa à castração, cujos limites ele mesmo estabeleceu, como acabo de assinalar, ao mostrar que as raízes dessa condição estão somente na fantasia?

Se chamarmos de incesto uma operação que abole os limites, o Um é incestuoso, por assim dizer, por conta própria,[5] ao passo que para os outros, ao contrário, sua condição de exceção dá razão ao universal do reino da Lei. Não encontramos traço dessa "alienação pelo Um" em Freud, nosso primeiro *grande homem*? Seu estilo, entenda-se por isso quer estilo de

[5] O pai da horda, figura freudiana do Um, possui *todas* as mulheres: não podemos, então, contar entre elas suas filhas e até sua mãe?

pensamento quer estilo literário – feito, para uns, de inaudita audácia, para outros, de uma elegância e de um classicismo que lhe valeram o prêmio Goethe –, não se impregnou de forma nenhuma do toque de bufonaria que se nota em muitos *grandes homens*. Ao contrário, ele pareceria ter procurado abafar a subversão insensata de sua descoberta, ao confiar o encargo de sua divulgação ao grupo restrito de seus alunos, criando assim o esboço do que irá se transformar, segundo Lacan, num grupo que funcionava com base no modelo de uma igreja. Mesmo assim, porém, Freud não escapa do que chamo o sintoma do *grande homem*. Este pode ser percebido, nesse caso, pelo lado da dimensão da passagem ao ato incestuoso que consistiu em tomar sua própria filha em análise. Quem não vê que há aí uma abolição dos limites, violação da neutralidade do analista, que se torna juiz e parte,[6] e, de mais a mais, uma transgressão importante da necessária discrição inerente a cada tratamento? Freud, o analista, confundindo-se, de uma maneira que não pode ser chamada senão de perversa, com Freud, o pai.

Com o que, nosso *grande homem*, apesar de seu voto piedoso de fundar uma espécie de igreja analítica, vê-se – e insistimos no fato de que sua condição de exceção tem responsabilidade nisso – introduzindo em sua prática algo da ordem da perversão. Embora não fosse o *pai da horda* que possui todas as mulheres, ele foi aquele que, ao se fazer seu analista, "pos-

[6] Essa chaga da análise, em que um analista se coloca em posição de juiz e de parte, também está na experiência do passe, quando o analista de um passante está no júri. Dado que esse júri deverá examinar não só o passante, mas também o modo como o analista deste lhe possibilitou ou não concluir sua análise, entende-se a incongruência da presença desse analista em seu seio. Observação que vale para a Escola Freudiana, em que a presença de Lacan e suas intervenções (segundo contam, eram muito ativas) no passe de alguns de seus analisandos devem ter algo a ver com o fracasso dessa experiência.

suiu", em toda a ambiguidade desse termo em nossa língua, essa filha infinitamente querida e preciosa que era Anna.[7]

Constatemos que o mesmo se deu na sua relação com Ferenczi, seu paciente, com quem brincou de casamenteiro, instando-o a se casar com uma mulher, embora ele estivesse apaixonado pela filha dela, e chegando a ponto de tomar a dita filha em análise. Todos esses comportamentos remetem a uma intervenção selvagem na esfera privada do paciente e de uma utilização dos vínculos transferenciais ao inverso de uma neutralidade que, por outro lado, ele pregava.

Uma intervenção na realidade decerto não está proibida pela análise, desde que possa constituir uma interpretação. Mas ela deve ser cuidadosamente distinguida do que pode ser conotado como passagem ao ato do analista, que se coloca no papel de demiurgo e dita ao sujeito a conduta que deve adotar.

Voltemos a Lacan: questionaremos dois aspectos de sua prática – que fazem, a meu ver, sintoma – esforçando-nos para pô-los em perspectiva com a condição de exceção que ele tinha.

O reagrupamento familiar

Primeira observação e também primeira questão, já que minhas observações são igualmente questões, ela concerne à prática, que intitularei de "reagrupamento familiar". Consiste em tomar em análise marido e mulher, mas também irmãos e irmãs, ou ainda pais e filhos, por assim dizer, conjuntamente. Nesse caso, o analista já não está apenas, como assinalei acima, na posição de *suposto saber*, mas de *saber*, realmente. Fosse

[7] Essa questão mereceria desenvolvimentos mais amplos. Pode-se consultar meu artigo "Freud et les (jeunes) filles", *Lettres de la SPF*, n.12.

apenas por coincidência, ele está em presença de informações: por exemplo, certo segredo de família que foi dito por um e cuja divulgação ou não divulgação ao analista o outro ignora, mas também, de forma mais banal, certo acontecimento da vida cotidiana que lhe será relatado através do filtro da subjetividade de um ou outro.

O que diferencia isso de um acontecimento externo que, por exemplo, fosse contado por dois pacientes ao mesmo analista é que estamos aqui no terreno do íntimo. Em outras palavras, num terreno que, ao contrário do acontecimento público, por definição aberto ao coletivo, ao social, não está disponível imediatamente ao Outro. O sujeito pode fazer dele seu jardim secreto.

O analista torna-se um *familiar*, mas também, eventualmente, um *big brother*, colocado em posição de onipotência. Isso pode causar dificuldades para o paciente usar, como bem entender, a mentira, o fingimento, a fim de que sua verdade emerja. Não ficaria ele, antes, em posição de ter de se entregar à confissão? Isso pode ter diversos efeitos sobre os cônjuges ou sobre os membros de uma mesma família.

Imaginemos um casal que expressa o mais íntimo de sua relação com seu parceiro ao mesmo analista. Levemos a ficção um pouco mais longe: um louva as virtudes da fidelidade de seu cônjuge ou de sua cônjuge, o qual, por sua vez, relata, no divã conjugal, as delícias do adultério. Situação de *vaudeville*, me dirão, que não interfere na análise de cada um, em que só importa a fantasia. Não tão certo assim! O analista pode então assumir, apesar de tudo, o papel de espectador da peça representada em seu consultório, sendo então convocado algo de seu gozo. Portanto, pode, mesmo *a minima*, ver-se desalojado de sua posição de neutralidade. Acrescente-se que nem sempre se trata de *vaudeville*, mas às vezes de verdadeiro drama entre dois membros da mesma família. Esses casos nem sempre aparecem; portanto, uma análise de cônjuges pode transcorrer sem sobressaltos. Contudo, esse risco, imprevisível, existe, e deveria incitar o analista à prudência antes de se comprometer, e sobretudo comprometer pacientes, com esse tipo de atendimento.

Quando um analista aceita ou até sugere atender um parente próximo de um de seus pacientes, será que isso quer dizer que ele considera ter mais condições que qualquer outro colega de conduzir bem esse tratamento, ou então, mais inquietante ainda, que ele supõe que o conhecimento de seu paciente lhe será de alguma ajuda no trabalho com esse parente? Quanto mais o suposto saber fornece o quadro de um saber virgem de toda informação real sobre um paciente, mais o tratamento tem chances de se desenrolar nas melhores condições. Nesse sentido, a relação analítica entre Freud e Anna é um perfeito contraexemplo. Esses atendimentos "familiares" podem suscitar reações de perseguição ou, inversamente, uma submissão ao suposto desejo do analista relativa à maneira como você leva a sua vida conjugal ou como deve se comportar como pai, mãe, irmão ou irmã.

As sessões curtas

As sessões curtas converteram-se para alguns na estampilha do "*verdadeiro lacanismo*"; para outros, beiram a escroqueria. Falta fazer um debate em torno dessa questão do tempo das sessões e seria desejável que os analistas fossem capazes de fazer, sobre esse ponto, bem como sobre muitos outros, aliás, a teoria de sua prática.

Quanto à possível ligação entre o considerável encurtamento do tempo das sessões efetuado por Lacan no fim da vida e a evolução de sua teoria na mesma época, não a faremos aqui, considerando que isso extrapolaria nosso propósito, que é tratar da prática de Lacan. Seja qual for essa ligação, ela, de qualquer forma, não nos parece suficiente para justificar o que percebemos como sintomático nessa prática.

Comecemos com uma distinção: a variabilidade do tempo das sessões é uma inovação importante instituída por Lacan no manejo do tratamento. Teve o mérito de sacudir a ritualização, ou mesmo a mumificação então em curso na técnica analítica. Mas uma coisa é o emprego do fim de uma sessão para pontuar o discurso do sujeito; outra é o considerável encurtamento do tempo das sessões, a ponto de deixar ao paciente apenas o tempo de pronunciar algumas palavras ou frases. Não é certo, é até pouco provável que essa técnica seja mais apta que outra para cingir o Real em questão no tratamento. É certo que ela faz surgir, com toda a sua vivacidade, uma certa quantidade de objetos *a*, fulgurância do olhar, manifestação da voz do analista, até a "merda" a que o paciente pode se sentir reduzido quando se vê expulso depois de alguns segundos. Por outro lado, tem-se uma acentuação da dimensão imaginária do significante: o paciente irá então se deter numa certa palavra proferida com a qual seu analista o deixou, ou até em alguma palavra proferida por ele, para fazer dela uma chave de sua história, a encarnação significante de sua verdade. Quantos analisandos de Lacan conheci que brandiam essa fala ou essa palavra como um troféu? Fetichização do significante, na verdade, mera resistência. Não que esse fenômeno não exista em qualquer análise; só que a técnica das sessões curtas, ao fazer "a transferência pegar fogo", a acentua.

Assim, pode-se instalar um puro gozo da linguagem, puro gozo da palavra com a qual o analista o "abandonou", analista que, de certo modo, só lhe oferece essa palavra, sem que o desdobramento metonímico da cadeia significante lhe forneça a oportunidade de apreender o que, entre essas palavras, subsiste de irredutível como objeto. Por cortar demais a palavra do sujeito, ele é privado do que, dessa palavra, torna-se endereçamento ao outro que o analista é, e do que, para além desse endereçamento, torna-se resto.

Essa técnica das sessões curtas será a mais apropriada para ligar objeto e sujeito dividido pelo significante? Será que permite deslindar a fantasia, sobretudo a fantasia em jogo na transferência? Às vezes, cumpre saber dar tempo – *o tempo para compreender* – no próprio interior de uma sessão para vê-la aparecer.

Restaria fazer um verdadeiro trabalho sobre a questão dos gozos em jogo no tratamento: o do paciente, mas também o do analista. Por que não interrogar as tendências deste ao incesto quando ele pratica a *familiaridade* analítica? Por que não interrogar seu sadismo quando ele dá umas "sacudidas" em seu paciente por meio de uma prática ativa demais, voluntarista demais? Por que não lhe perguntar o que o leva, por intermédio das sessões curtas, a mobilizar tão fortemente o masoquismo de seu paciente, com o risco, se este último mostrar alguma disponibilidade para isso, de instalá-lo numa atitude de servidão voluntária, servidão que, não duvidemos, produz bons militantes da causa analítica? Mas essa causa precisa de militantes?

Dominique Simonney

11 | Uma prática sem tagarelice

Já me aconteceu de falar da prática de Jacques Lacan. Foi pelo aniversário dos dez anos de sua morte.[1] Na época, distingui três facetas e até três Lacans: o invocador do inconsciente, talento que ele tinha de modo raro, muitas vezes surpreendente, às vezes *unheimlich*; depois um outro Lacan, "o implacável parteiro do ser", bem menos divertido, que operava pela certeza; enfim, um terceiro, o da presença humana, quase fraterna, do mesmo lado do muro que o analisando.

Uma experiência

Hoje, vou abordar as coisas sob outro ângulo. Intitulei minha fala "Uma prática sem tagarelice" e vou falar de questões que me habitam faz tempo, na verdade desde os anos 70. Escolhi esse título para evocar o modo como gostaria de chamar a sessão lacaniana. Designo assim aquela que ele praticava, ao menos na

[1] C. Soler, "L'effet Jacques Lacan", in *Connaissez-vous Jacques Lacan?*. Paris, Seuil, 1999.

sua última década, e não necessariamente aquela que reproduzimos depois dele. Tampouco penso que se deva fazer disso uma norma: apenas quero extrair seus fundamentos. A expressão se refere ao que ele mesmo formulou no fim da vida a respeito da psicanálise, que qualificou de "prática de tagarelice".[2] No entanto, não tomo o termo "tagarelice" no mesmo sentido. Conservo dele o que a acepção comum designa, uma espécie de perambular ocioso na fala com tempo para vadiar no rosário de tiradas sem finalidade particular. Ora, desde minhas primeiras sessões com Lacan, fui surpreendida, e isso é dizer pouco, por uma prática que tornava essa tagarelice quase impossível. Era sua última década de vida e naquele momento ele praticava sessões curtas, regularmente curtas, muito curtas até. Já não se estava no tempo da sessão de duração variável, teorizada nos anos 50, que visava escandir, passo a passo, as significações da fala.

Minha primeira resposta subjetiva – pois, afinal, devo falar do efeito produzido –, passado o primeiro momento de estupor, foi uma resposta de perplexidade, acho que essa é a palavra exata. Tinha uma ideia clara da sessão freudiana, mas minha leitura prévia dos textos de Lacan era insuficiente demais para que eu tivesse previsto esse tipo de sessão, e não reconhecia nela nada da ideia que tinha da associação livre, extraída dos textos em que Freud descreve a prática dele de decifração e de interpretação. Os próprios boatos, dos quais alguns ecos chegavam até mim, não tinham servido de advertência, pois, por contingências da vida, eu não fazia parte do enxame dos conhecedores e tampouco frequentava os cafés em torno da *rue* de Lille, onde seus analisandos se encontravam. Em suma, estava num outro mundo, muito isolado, no momento em que comecei minha análise.

[2] "Une pratique de bavardage", única aula do Seminário 25, *O momento de concluir*. (N.T.)

Eu não só não tinha previsto, como não entendia os fundamentos daquela prática. Seus motivos, suas razões, sua legitimidade me escapavam. No entanto, posso dar meu testemunho de que, nessa perplexidade, nada havia da reivindicação que tantas vezes ouvi sendo expressa por outros. E, de fato, posso dizer que, durante tantos anos de análise, nem uma única vez tive a sensação de ter me faltado nem tempo, nem a atenção especial que o analisando exige em geral. Questão de demanda, evidentemente!

Minha perplexidade inicial teve primeiro um efeito de contenção, de recuo até. Breve para dizer a verdade. Não durou mais de um mês, acho, e logo uma decisão foi tomada – não chegaria a dizer que a tomei, ela foi tomada: a de me entregar ao procedimento e de entrar nele sem reservas. Claro que era um efeito de transferência positiva. De repente, questões e dúvidas viram-se suspensas – digo suspensas, não suprimidas. Foram postas de lado, no aguardo de verificação. Creio que de fato eu esperava isso, senão na curva, ao menos no fim, e isso era uma transferência um pouco menos positiva. Ainda assim, o resultado foi que minha perplexidade se converteu em expectativa: expectativa de ver os efeitos e de entender seus motivos teóricos.

Em relação a essa expectativa, em que pé eu estava na saída? Os efeitos, eu os experimentara. A psicanálise me curou de alguns de meus principais sintomas de começo e me permitiu – como para todos aqueles que avançam suficientemente nela – perceber alguma coisa, um pedacinho, de minhas determinações inconscientes. Nesse sentido, essa sessão lacaniana via-se justificada por minha própria experiência; ela tinha me convencido; contudo, no final, e quando eu mesma comecei a praticar a psicanálise, eu não tinha realmente entendido nem seus fundamentos nem sua necessidade. Não era por falta de trabalho, talvez apenas por certa inércia de meu tempo para compreender. Portanto, algo da minha perplexidade restava e, no começo, como analista, não pratiquei as sessões curtas. Faltando o saber, teria sido puro mimetismo prático. Precisei, pois, de um tempo bastante longo para atingir, sobre essa questão, uma certeza que completava o que minha própria experiência de analisanda me tinha garantido e que pudesse passar para a prática.

Tempo do inconsciente e tempo da sessão

Contarei, então, para vocês, as conclusões a que cheguei com o passar do tempo e a prática da análise. Acho que essa questão da duração da sessão analítica, que sempre foi uma dificuldade imprevista [*pierre d'achoppement*], segundo a expressão de Lacan, é atualmente, mais que nunca, essencial, pois não podemos ignorar que, nos projetos de regulamentação hoje em gestação, a psicanálise e especialmente sua corrente lacaniana são particularmente visadas.

O primeiro ponto sobre essa sessão lacaniana – e era a minha questão no começo – é a seguinte: o que essa sessão postula, e será que ela tem razão de postular quanto ao inconsciente e à sua via de acesso?

Existem muitas definições possíveis, e muito mais fórmulas que definições. Mas, mesmo que a tomemos muito freudianamente quer como desejo que insiste, indestrutível, quer como cadeia que supõe esse desejo, quer como letra que fixa um gozo, em todos os casos a relação do inconsciente com o tempo é posta de modo duplo. Por um lado, todo o movimento analítico concorda, com Freud, que o inconsciente é irredutível e não conhece o relógio; por outro, é uma questão de tempo a elaboração que permite saber algo sobre ele e a partir da qual o conceito de inconsciente é construído. O inconsciente não conhece o tempo e, contudo, ele é elaborado no tempo. Tempo não linear, que conhece ritmos, sequências de abertura-fechamento. Lacan insistiu nisso, mas é algo que todos sabem, pois a descoberta é anterior, ainda que nem todos reformulem isso em termos de diacronia e de sincronia. Tempo fecundo e tempo morto, tempo em que o inconsciente volta a cuspir palavras, imagens cruciais em que o ponto de gravitação de tudo o que se diz aparece, e também tempo de silêncio.

A questão não é objetar a Lacan argumentando que o inconsciente precisa de tempo para se dizer, ele foi o primeiro a enunciar isso de todas as formas; a questão é saber se o batimento abertura-fechamento do inconsciente é isomorfo à alternância sessão/fora-da-sessão – em outras palavras, à presença do analista.

Ora, toda a experiência mostra que não é assim. Em primeiro lugar, a experiência muito banal do analisando que, ao chegar todo animado à sessão – tendo, como ele diz, falado o dia inteiro e a noite inteira com seu analista –, pelo simples fato de transpor a soleira vê toda a sua elucubração desmoronar, fica quieto ou se escuta dizendo frases totalmente inesperadas. Inversamente, uma sessão vazia, transposta a porta, desemboca igualmente numa evidência nova e certa. Tempo do inconsciente e tempo da sessão não se sobrepõem. O que se processa difere conforme se esteja em presença ou não, conquanto ambos se articulem, e realmente é preciso não ter nenhuma ideia do que seja a transferência para imaginar, como ouvi dizer contra Lacan, que, uma vez fechada a porta do analista atrás de si, sai-se da elaboração da transferência para entrar em pensamentos de autoanálise.

Tagarelice e elaboração

Mas, afinal, será que a sessão curta, ou mesmo pontual, não impediria a associação livre como via de acesso ao inconsciente? Era a minha pergunta e acho que hoje tenho a resposta.

Acreditamos ter aprendido com Freud que a associação livre, o blablablá, é a via de acesso única e obrigatória, mas esquecemos, e esse é outro argumento de peso, que o mesmo Freud percebeu que o "material" associativo podia ser um recurso do "não quero saber de nada", a cortina de fumaça propícia para bloquear a dinâmica da análise. Por isso, chegou a aconselhar a eventualmente desconsiderá-lo – incluindo aí o relato do sonho, canonicamente via régia – como tagarelice de defesa, por assim dizer.

Cumpre, então, retomar o que é a associação livre. É evidente que ela visa a contrapor-se à intencionalidade do discurso egoico – contrapor-se, portanto, ao seu pendor pela narrativa de relatório ou de confidência que nada mais quer senão se espalhar – para fazer aparecer as coerções do inconsciente que esse sujeito não sabe. O que o analisando quer nos dizer, o que ele exige que escutemos, às vezes com força de *pathos*, deve sem dúvida ser tratado, mas não é essencialmente isso o que buscamos, à espreita que estamos do que ele diz sem saber. Para esse objetivo contrário ao pendor, a sessão longa não é vantajosa. Experimentei-a no meu início: quanto mais longa ela é, mais convida ao preenchimento, justamente aquele que diversas psicoterapias acolhem e até estimulam com delícia. A sessão curta, por sua vez, é menos propícia a isso, pois, ao preenchimento, ela objeta em ato. É difícil a tagarelice em sessões muito breves! Embora, como também constatei, alguns sujeitos tentem assim mesmo. Claro que há nisso uma variante subjetiva, e bem sabemos que, seja qual for o dispositivo, não basta querer uma análise para fazê-la.

A sessão curta, e esse é o ponto central, de forma nenhuma impede, como há quem diga, a enunciação pedacinho por pedacinho dos elementos do inconsciente. Pedacinho por pedacinho: é o efeito das escansões. Esses efeitos são, de certo ponto de vista, incalculáveis, mas os elementos que se depositam e que a escansão permite extrair são, eles sim, limitados e passíveis de objetivar. O que são esses elementos do inconsciente que procuramos extrair no fluxo da fala analisante – pois a fala é um fluxo, e não só na análise? Existem em número limitado e são de dois tipos, sem contar o silêncio. Ou bem são unidades semânticas (frases ou sequências de frases que fecham suas significações num ponto de basta), e aí obtemos o que vou chamar de uma unidade conclusiva sobre uma parte do que foi dito na corrente da fala; ou então isolamos unidades assemânticas, por corte, seja extraindo um significante de seu contexto, seja interrompendo a cadeia antes de seu ponto de queda final (prática frequente em Lacan). Obtemos assim uma unidade, não conclusiva, antes, assemântica, que vou denominar unidade suspensiva. Seja qual for a duração de uma sessão, seu ponto de interrupção é ou bem uma interrupção conclusiva, por menor que seja, ou bem uma interrupção suspensiva. Quero fazer notar que nesse ponto, e só nesse ponto, sessões curtas e sessões longas são equivalentes. Depois de um minuto, de 30 ou de 40, não há escolha: é ou a unidade conclusiva ou a unidade suspensiva. E se for o silêncio, ele próprio é suspensivo.

Concluo, pois, que o que faz a diferença, e evidentemente há uma diferença, não é a possibilidade de uma ou outra elaborar o inconsciente. Ambas fazem isso, é o mínimo... Fora disso, já não se está na psicanálise e sim no grande campo psi, com o qual ela não se confunde.

A sessão lacaniana não está em contradição com a associação livre. É às vezes até mais favorável a ela, desde que se queira considerar que a associação livre se define essencialmente pelo produto a que ela visa: os elementos do que se deposita a partir do fluxo da tagarelice. A diferença essencial me parece estar em outro lugar e, para não me afastar da experiência, eu a formularia assim: o fato de o inconsciente se elaborar ou se calar dentro e fora da sessão – em outras palavras, de não conhecer as paredes do consultório – abre uma questão sobre a função do analista não simplesmente como objeto da transferência, mas como objeto em presença na sessão.

Presença do objeto

Todos os analistas concordam que o analista é objeto, ainda que só Lacan tenha elaborado a teoria do objeto *a*, e todos postulam, creio eu, que, uma vez posto em funcionamento, esse objeto da transferência tem uma incidência sobre toda a economia libidinal do paciente, não só durante os tempos de sessão. Basta ler a literatura analítica: todos concordam que, a partir do momento em que um sujeito entra em análise, toda a sua vida libidinal se vê reordenada por esse novo objeto e que, portanto, não há meio de estar em análise sem estar nela em período integral. Poder-se-ia até pensar que o analista, causa da transferência, é, antes, um objeto ubiquitário, que segue o paciente por toda parte. Donde a questão de saber, se ele está em todo lugar, o que distingue o peso de seu estar-aí na sessão.

Todos os que hoje se dizem freudianos, para indicar que não são lacanianos, empenham-se em "analisar a transferência", em suas próprias palavras. Analisar a transferência equivale a dizer ao analisando mais ou menos isto: "Você me diz o que eu sou para você" ou "Tudo o que você me diz, diz o que eu sou para você." De uma só tacada, todas as interpretações deles podem ser incluídas numa fórmula geral: "É isso que você diz que eu sou para você." Evidentemente, trata-se de um caminho possível, e não contestamos a qualidade deles como analistas, creio eu; é um caminho possível para fazer desfilar e extrair os significantes e as significações capazes de responder à pergunta do desejo inconsciente, ao "*Che vuoi?*", e para fazer o tratamento dizer qual é o objeto que anima as buscas do analisando.

É um caminho possível, mas ele é incompleto e limitado, porque só apreendo do objeto o que dele é predicável, a saber, os significantes dos parceiros ideais de Édipo, ou os significantes dos chamados objetos parciais da pulsão. Em outras palavras, esse caminho se limita às coordenadas inconscientes do objeto, ao que poderíamos chamar seus envelopes simbólicos e imaginários. Acho que a sessão curta, ao menos tal como a vi manejada por Lacan, opera de outra forma com a transferência. Ela decerto a põe em função de causa, mas possibilita outra coisa, que eu formularia assim, depois de todo esse tempo: ela faz passar, em ato, uma linha de corte entre o objeto que chamo de predicável e o objeto real. O objeto real, se for real, não pode se manifestar senão pelo estar-aí, a presença do analista na sessão. O uso que Lacan fazia da escansão permite entender progressivamente duas coisas: primeiro, é preciso destacar o que há de impredicável no objeto – porque, de tanto predicar com obstinação, toca-se justamente no fato de que há um resto impredicável, um impossível de dizer: "Não posso dizer o que você é para mim..." Atenção, esse impredicável do objeto não leva, contudo, ao que eu poderia chamar, por analogia à teologia negativa, de uma objetologia negativa. Isso porque esse impredicável é também uma causa imperativamente exigida, libidinalmente exigida, que faz valer sua necessidade na economia do sujeito, *hic et nunc*, na verdade. Como nomear esse impredicável que está aí, operando incondicionalmente no nível econômico, senão como real? Situável na estrutura por sua topologia, desse resto do elaborável só se aproxima na prática pelo silêncio do corte pontual.

Vou agora propor algumas fórmulas de conclusão.

Acho que a prática da sessão lacaniana tinha algo de minimalista – emprego a expressão no sentido positivo do termo, tal como se fala de arte minimalista –, algo de minimalista no que tange à fala e ao seu manejo; obtinha uma redução do fluxo contínuo dos dizeres à enunciação, um por um, de seus elementos mínimos. E a elaboracão do inconsciente é isso. Mas eu diria que essa prática minimalista tanto quanto à fala é maximalista em relação ao objeto causa, porquanto permite fazer valer em ato seu núcleo real.

Que dizer então da prática freudiana que evoquei agora há pouco? Pois bem, a meu ver, é o contrário. Ela é maximalista quanto à fala, ela pensa que se deve dar espaço a ela, deixá-la fluir por muito tempo, para que possam ser extraídos os elementos inconscientes. A respeito disso, acredito ter indicado suficientemente que o tempo (o da sessão) não é necessário. Maximalista quanto à fala, não diria nem mesmo que é minimalista quanto ao objeto. Ainda seria dizer demais, pois ela incorre na reprovação de ser incompleta quanto à revelação do objeto. Nesse sentido, é uma prática simplesmente limitada que se priva dos meios de fazer valer, na experiência *hic et nunc*, o real do objeto.

Termino com uma última consideração. Como combinar essas teses com a "prática de tagarelice" de que fala Lacan? Quando ele utiliza essa expressão em meados dos anos 70, é toda a elaboração simbólica que é atribuída à tagarelice. Ele não visava somente à tagarelice de preenchimento, visava ao fato de que o real, no sentido forte do termo, é "fora do simbólico", irredutivelmente heterogêneo a ele, cujas garras nada mais podem senão derrapar na sua resistência. Por isso falava também da necessidade de uma "contrapsicanálise". Era uma reserva de bom tamanho em relação a uma modalidade da prática complacente demais com o gozo propiciado pela linguagem e pela infinitude de suas variações associativas, e também um convite para o real em jogo, como único princípio de interrupção.

12 | Passes. O sabre e o pincel[1]

Passes: a escutar como imperativo[2] ou como multiplicidade de trajetórias.

Meu primeiro Lacan é o dr. Jacques Lacan. Eu não o conhecia. Podia tê-lo encontrado na *rue* Saint-Benoît, de noite. Tivesse eu o visto, não teria sabido quem ele era; ele mesmo, se me visse, não teria prestado a menor atenção em mim.

Nunca tive amante que tenha sido, era ou viria a ser uma das dele. Contudo, mais tarde, encaminhei-lhe muitas mulheres. Algumas fizeram sua análise com ele. Às vezes, ele me perguntava o que eu achava desta ou daquela que ele tinha

[1] Tomo esse título de mestre Akejedis. Sua caligrafia "Voir et trancher" [*Ver e trinchar*], acompanhada deste *Budô densho*, que dedico a Jacques Lacan: "Sabre qui pointe/ Du fil de la lâme – arrêt!/ Je stoppe l'élan/ Et derrière moi je sens/ la lune à um demi-pas." ["Sabre que surge/ do fio da lâmina – pare!/ Corto o pulso/ E atrás de mim sinto/ a lua a meio passo."]

[2] O imperativo do verbo "*passer*" (*passe*) e o substantivo plural "*passes*" são homófonos em francês. (N.T.)

acabado de receber. Invariavelmente, eu lhe respondia: "O senhor a acha bonita?"

Ele nunca me mandou nenhum *cliente*.

Ouvi falar dele pela primeira vez por um amigo, um senhor muito importante – estávamos passando pela *rue* de Lille: "Patrick", me disse ele, "aqui mora o dr. Lacan, psicanalista de renome mundial." Fora vê-lo para lhe propor escrever um livro sobre o general De Gaulle em colaboração com ele. Lacan recusou.

Escutei aquilo, não levei em conta. Tinha 22 anos, estava no terceiro ano de medicina e me preparava para ser cirurgião. Diziam que eu era de uma habilidade manual excepcional. Tinha os olhos iguais às mãos, de uma frieza de serpente.

Meu segundo Lacan, o do significante, encontrei por acaso. Desocupado, Maio de 68 se afastava, dei de cara com um tijolo branco onde estava escrito em vermelho: Jacques Lacan, *Écrits*. Achei aquilo mais apimentado que minhas leituras do momento: Bataille, Klossowski, os situacionistas, Lautréamont e *Viagem ao fim da noite*. Uma frase dos *Escritos* ficou gravada para sempre na minha memória: "... é para esse ser de nada que nossa tarefa cotidiana consiste em reabrir o caminho de seu sentido, numa fraternidade discreta em relação à qual sempre somos por demais desiguais."

Eu frequentava às vezes o seminário dele e, um dia, pela primeira vez, fui à sua apresentação de doentes, em Sainte-Anne. Transtornado de horror com o que via, apostrofei-o à saída:

– O senhor pode ficar orgulhoso, a gente tem a impressão de estar no circo Medrano. O senhor decerto é surdo, fez aquela senhora repetir cinco ou seis vezes palavras que eu ouvia perfeitamente no fundo da sala.

Ele replicou:

– De jeito nenhum, de jeito nenhum, de jeito nenhum, o senhor não "sacou". Não é circo. Mas o senhor está me dizendo coisas muito, muito, muito interessantes, certamente teremos oportunidade de voltar a falar disso.

Girou sobre os calcanhares e se afastou. Semelhante convite não podia ser recusado: dois dias depois liguei para ele.

– Queria falar com Lacan – disse eu à voz feminina que atendeu.

Ele, em seguida:

– Para quê?

Eu:

– Para encontrá-lo.

Ele:

– Para fazer o quê?

Eu:

– Bem! Para encontrá-lo.

Ele:

– Sim, mas para fazer o quê?

Eu:

– Mas, para poder lhe dizer isso, eu tenho de encontrá-lo.

Ele:

– O quê? O senhor não é capaz de me dizer pelo telefone?

Eu:

– Bem... então... bom... é para fazer uma análise.

Ele:

– Ah! É para isso, por que não disse antes? Venha amanhã às 9h37.

(No meu foro íntimo, eu pensava: "Esse é um que deve ter problemas de horário.")

No dia seguinte, eu estava esperando por ele na saleta, sentado na poltrona *crapaud*. Ele chegou de não sei onde, um pouco encurvado, abrindo a mão direita como um leque abaixado, dizendo-me:

– Venha, meu caro.

Por muito tempo estive convencido de ser o único a quem ele chamava assim.

– E então? – perguntou ele.

Eu:

– Estou muito impressionado de estar aqui na sua frente, minhas pernas estão tremendo.

Ele:

– Razão a mais para não fazer uma análise comigo.

Pensei: "Aqui, vou ter de ir com cuidado." Não sei o que é que eu devo ter balbuciado; foi bem breve.

– Quanto o senhor pode me pagar? Não gostaria de pesar muito no seu orçamento.

Tinha 100 contos, estendi-lhe a nota, que ele pegou dizendo:

– É isso. O senhor virá terça às 9h57; quarta às 10h23; e sexta às 14h44.

Era janeiro. Em meados de julho, sou chamado no meu banco. Corro o risco de ter a conta bloqueada, pois emiti um cheque sem fundos. Não era a primeira vez. Impossível identificar a pessoa que apresentara o cheque, embora eu soubesse perfeitamente que o tinha dado a ele. Logo, ele utilizava meus cheques como se fossem papel-moeda, indiferente ao fato de eu lhe pagar em dinheiro ou em cheque, em função de minha liquidez. Contei-lhe, reclamando, minha desgraça. Ele me disse:

– Pois bem! Daqui em diante o senhor me paga em dinheiro, assim poderá sair tranquilo de férias. A propósito, para onde o senhor vai?

– Para a Índia, senhor.

– O quê! Mas não é o país da princesa inacessível e menos ainda o do mapa do País da Ternura...[3]

[3] *Carte du Pays du Tendre* ("Mapa do País da Ternura") é o mapa de um país imaginário chamado Tendre, imaginado no século XVII. Trata-se da representação topográfica e alegórica das três diferentes etapas da vida amorosa: inclinação, estima e reconhecimento. O mapa adverte que a única paixão positiva é a que dá origem aos sentimentos nobres. (N.R.)

Deve-se dizer que, nas entrevistas preliminares, cada vez mais eu lhe pedia para me livrar do gozo de uma mulher que não me desejava. Eu tinha virado o Pierrô de uma Colombina, no duro e na realidade. Da Índia, mandei esta cartinha a Lacan: "Talvez este não seja nem o país da princesa inacessível, nem o País da Ternura, mas aqui onde estou, sentado à beira do Ganges, o capim é bom de fumar."

Na volta, recebi um bilhete dele, aliás, o único que me escreveu, apesar de todas as minhas tentativas de obter outros. Escreveu: "Caro amigo, gostei de receber notícias suas, embora um tanto enigmáticas. Seu J. Lacan." As sessões recomeçaram. Com o passar dos meses, consegui lhe dizer, sem as menores precauções sintáticas ou gramaticais, as besteiras que me passavam pela cabeça. Não sem omitir – por vezes, voluntariamente – algumas barbaridades por medo de represálias horrorosas. Passado um ano de entrevistas cara a cara, eu numa poltrona, ele, de pé, com seus papéis, fitas e objetos coloridos, acabei por lhe dizer: "Se o senhor não estivesse entre mim e o divã, eu me jogaria nele." Ele, se afastando: "Pois bem! O que está esperando para fazê-lo?"

Não é certo dizer que com Lacan as sessões eram curtas. Não é algo que se meça em cronômetro. Eram, antes, sessões em que o sujeito é pego de calças curtas quanto ao significado do que ele quer dizer. Somente o sabre ou o pincel podiam dar conta de uma sessão daquelas, como o gesto de uma caligrafia. Isso se lê de um traço: dizer e trinchar. Eu tinha horror de esperar na biblioteca por medo de ser "esquecido" ali; isso chegou a acontecer. Preferia a saleta, com sua poltrona *crapaud*. Um dia, fizeram-me passar diretamente para o local dos que eram deixados de lado e cruzei por Lacan no cômodo meio biblioteca, meio sala, contíguo ao seu consultório. Vinha atrás de seu analisando da vez, com seu passo balançado, arrastando os pés de modo inimitável, as calças enrugadas sobre escarpins de verniz preto. “Claro que está atrasado!”, berrou ele na minha direção, tão alto que entendi que não era a mim que estava endereçada a mensagem, mas também a alguns outros amontoados na saleta *crapaud* e na biblioteca amaldiçoada por todos.

Durante anos, foi sempre o mesmo ritual, nunca a mesma sessão.

Um dia, ou melhor, uma noite, tive um sonho, aquele tipo de sonho inesquecível, como se sabe que um sonho pode ser e que um psicanalista escuta todos os dias de seus analisandos. Comecei o relato, certo de que ele o interromperia antes mesmo que eu pudesse dizer algumas poucas primeiras imagens. Pois bem, não foi assim. Pude contar aquele sonho inteiro. Ele descortinava a trama de uma fantasia que causava um sintoma, de resto bastante banal, mas que, de tanto se repetir, tinha-se tornado para mim cada vez mais embaraçoso de contar; era sempre a mesma coisa: uma idiotice declinada de mil maneiras diferentes. “Uma mulher, que eu não conhecia, beijava-me ardentemente. Eu não via seu rosto, exceto no fim, era o seu.” Ele cortou: “Formidável!” Estava com aquele sorriso, tão particular, meio torcido, que fazia, pelo menos a meus olhos, com que se parecesse com um S barrado $\not{S}$. Nunca consegui vê-lo como uma figura da miséria ou do dejeto, ainda que, no entanto, eu fosse um ás do matema. Foi um momento de virada decisivo. Pensava comigo mesmo: “Você quer uns assim, vai ter. Aliás, é só no que penso o dia todo e, sobretudo, à noite.”

Eu estava instalado, quer dizer, tinha meus “móveis”:

- duas poltronas de couro, pura pele de vaca;
- uma escrivaninha símile Império, estilo *Vernaison*;
- um divã, o mais original que havia, coberto por um tapete que eu trouxera do Afeganistão, com almofadas de veludo vermelho alaranjado.

Um dia, uma mulher veio me ver; ela tinha vertigens. Eu disse a Lacan: "Vou mandá-la deitar-se, cabe a mim decidir com total autonomia." Quantas vezes eu o ouvi dizer: "Isso mesmo", "Perfeito", "O senhor é formidável" etc. E acrescentar: "O senhor poderia postar para mim esta carta expressa? É muito importante para mim e para a pessoa."

Ora, aquele dia, isso mudou. Lacan me disse: "Não faça isso ainda." Diante de minha perplexidade e decepção, ele esclareceu, sempre sem qualquer concessão pelo devir analista: "Digo isso pela sua análise, porque há uma contradição no que o senhor acaba de dizer." No só-depois, dei-me conta do erro, eu tinha proferido a palavra fatal: "Autonomia." Era um erro lógico, ético até, de minha parte, crer poder decidir com total autonomia.

Havia um outro termo que ele parecia ter horror de ouvir. Para mim, era um enigma. De fato, muitas vezes furioso por causa de sessões que eu julgava curtas demais, ou porque percebia tarde demais que ele tinha deixado aberta a porta de seu consultório durante minha sessão, eu o tratava de "ladrão de transferência". A cada vez isso o indignava e, sempre com seu sorriso de sujeito barrado, ele me perguntava invariavelmente:

– Quando nos vemos de novo?

– Como de costume, senhor – eu respondia.

Só podia ser assim. Nunca pedi para mudar nem a hora nem o dia de minhas sessões. E ele só podia sublinhar: "Isso mesmo, como de costume."

Vários meses se passaram depois do relato daquele sonho, durante os quais associei livremente, de forma aplicada, assuntos de castração bem complexos em que eu afirmava tê-lo, era certo, sem me tomar por sê-lo. Em suma, às vezes eu o tinha "duro feito pedra", mas, infelizmente, às vezes eu tinha muita dificuldade de usá-lo tanto quanto gostaria. Na época, era meu modo de entender que "não existe relação sexual".

Um dia, a senhora em questão, minha paciente primeira, foi tomada de uma intensa vertigem e me perguntou se podia ir se deitar no divã por alguns instantes. Ali adormeceu profundamente. Isso se repetia todas as vezes que ela vinha, ou quase. Pois ela recusava obstinadamente todas as propostas que eu lhe fazia de ir se tratar com um verdadeiro psicanalista.

Acabei confessando a Lacan que ainda a estava atendendo e, para dourar a pílula, disse-lhe: "De qualquer modo, ela é insone, então, se ela consegue dormir um pouco no meu divã, não está tão mal." Ele me respondeu: "Nesse caso, estamos fazendo supervisão, mas lhe previno que, para a supervisão, minha tarifa é de 500 francos", ou seja, uma quantia bem significativa em 1974. Deixando-me levar pelo entusiasmo, repreendo-o e lhe digo: "Agora parece que não lhe pago bem pelas sessões." "Ah, é verdade!", disse ele, dobrando o valor de início, o que dava uma conta bem salgada. Ao mesmo tempo, eu estava em júbilo, tendo finalmente lavado a afronta que ele me infligira no começo ao dizer que não queria pesar demais no meu orçamento.

Mais alguns anos de aventuras "castracionárias" de valores diversos e esbocei a ideia de me lançar no procedimento do passe. "Não hesite em fazê-lo", disse-me ele. Estávamos em fevereiro de 1979. Senti-me lançado no processo. Em novembro, terminava meu trabalho com meus dois passadores, que deviam avisar o secretário do júri da aceitação. Lacan tinha acompanhado todo o assunto, que eu lhe contava de fio a pavio, porque, de fato, eu continuava fazendo minha análise e minhas supervisões. Ele aprovava sem reservas meu método de trabalho com meus passadores, que era o seguinte: se, no passe, trata-se na verdade de um fato de estrutura, bastava eu dizer a meus passadores tudo o que me passava pela cabeça, sem julgar, sem escolher, sem tentar entender, sem cálculo. Portanto, no fim, com o barco à deriva, se fosse realmente um fato de estrutura, eu devia chegar automaticamente, mas não sem alguma *tiquê*, são e salvo no porto. O que foi pensado, foi dito e posto em ato sem a menor hesitação. E, depois, veio a dissolução.

No fundo, aquela dissolução me alegrava, mas começava a ficar zangado porque via surgirem sempre os mesmos destroços que os anteriores, boiando nos pântanos da Escola. Em fevereiro de 1980, fui ao seminário, como de costume. Justamente naquele mês não houve aula. Percebi também que tinha me esquecido de ir às sessões na última semana de janeiro. Estava convencido de que Lacan estava morto, de que todo mundo sabia, mas que ninguém tinha me contado. Zangado, percorria as ruas de Paris. Em que estado? "Já não me lembro muito bem", como dizia Lacan em seu artigo "O arrebatamento de Lol V Stein".

Dois policiais, muito educados, vieram calorosamente me "conter" na rua e me pediram para declinar meu nome.

– Isso, com certeza não! – respondi.

– Nesse caso, o senhor poderia nos mostrar sua carteira de identidade?

– Impossível, ela está em pedaços soltos[4] no passe.

Conduziram-me para lugar seguro, de onde – não sei por que milagre telepático – um velho amigo me mandou uma mensagem por meio de um inenarrável personagem. Esse amigo tinha dito ao mensageiro: "Pegue as chaves de minha casa de campo em Ymarre. Para convencer Valas a ir, digalhe que a temporada de caça já se encerrou faz vários dias em Paris, que ele vai ficar melhor lá para tomar um ar, há grandes florestas e, com um pouco de sorte, ele talvez consiga ver al-

[4] Há um chiste em francês, que se perde na tradução, do autor do texto com a palavra *pièce(s)*: carteira de identidade (*pièce d'identité*) e pedaços soltos (*pièces détachées*). (N.R.)

guns bandos de javalis." Era um buraco perdido na Normandia. Final de fevereiro de 1980: nenhuma notícia de Lacan; chegavam até mim rumores de que ele tinha tido um "acidente cerebral". Voltei a Paris, telefonei para a *rue* de Lille. Lacan me receberia na manhã seguinte. Assim que o vi, disse-lhe: "Mas, puta que pariu!, onde o senhor esteve este mês?", inspirado no verso de Bob Dylan "Where are you tonight sweet Charlotte". Nenhuma resposta; mas sempre o mesmo gesto decisivo para suspender a sessão.

Começo de março de 1980.

– Quanto lhe devo? – disse-lhe eu. – Porque, afinal, o senhor me deixou na mão durante um mês.

Resposta:

– O senhor mesmo pode calcular.

Estimei que, no fundo, a ausência era responsabilidade sobretudo minha, bastava eu ter telefonado mais cedo. Calculei: um mês = tantas sessões + tantas supervisões = 5 mil francos.

– Não tenho essa quantia comigo, posso lhe deixar um cheque caução, amanhã trago em dinheiro?

– Isso mesmo.

Preenchi o cheque e lhe perguntei:

– Ponho em nome de quem?

Berros de Lacan:

– Glória, Glória! Ela irrompe imediatamente.

– Ensine Patrick a fazer um cheque.

Ele, batendo os pés sem sair do lugar, eu, voltando-me para ela:

– Em nome de quem?

Sem hesitar, ela disse:

– Em nome do Outro, com um O maiúsculo – e arrancou o cheque de mim nas barbas de Lacan.

Eu tinha escrito o nome dele, que tinha me voltado. Em seguida, as coisas retomaram seu curso: Lacan, seu seminário;

eu, minhas sessões e minhas supervisões, e todo o resto das minhas coisas. Mas fiz questão de comentar com Lacan:

– Afinal, o senhor poderia ter me avisado sobre a Dissolução. Pode-se confiar em Jacques-Alain Miller?

Ele (grunhindo):

– Sim.

Eu:

– Sei, mas preciso do ponto de fechamento, e nisso, de repente, eu sou bom para percorrer de novo todo o trajeto.

– Perfeito, disse ele.

Os acontecimentos foram o que foram. Não era totalmente insensível a eles e até pensava, por momentos, que talvez houvesse coisas verdadeiras em tudo o que circulava. Meu ponto de vista era não largar Lacan. Não tinha nascido ontem. Onze anos de trabalho com o mesmo psicanalista, a gente acaba conhecendo-o um pouco. Sabia que estava diante de um homem muitas vezes cansado, mas nunca mais enfraquecido do que possa ter sido antes.

Não me venham dizer bobagens sobre a transferência. A transferência, no tratamento, é um resultado, este é inclusive seu sentido freudiano primeiro, que aparece na *Interpretação dos sonhos*. É um resultado que se obtém por meio da fala de amódio,[5] que não deixa de ter uma parte de ignorância.

Fim de abril de 1981. Acabara de fazer 42 anos. Estando, por gosto natural, do lado da histeria, não tinha a intenção de esperar a morte anunciada (por alguns) de Lacan para abandoná-lo. Disse-lhe: "Já faz um ano que estamos dando voltas juntos. Não encontro nada novo, exceto saber inútil. Deixe-me em paz, tenho um trabalho a fazer sozinho, estando Colombina perdida para sempre, tenho de terminar o trabalho do

[5] Tradução aproximada de um neologismo de Lacan que une "amor" e "ódio" numa só palavra: *hainamoration*. (N.R.)

luto de meus pais, que ficou em suspenso por motivos transferenciais." Nunca mais voltei a vê-lo... Exceto em seu leito de morte, em setembro de 1981. Tinha aquele anel *chevalier* tão particular no dedo de não sei que mão. Descansava, deitado numa cama, no quarto de seu neto, Luc, o sabe-tudo que morava na casa do pai, Jacques, o do ar de esperto. Sonhei muito com ele nos anos seguintes. Faltava-me atingir o "ponto de fechamento"; encontrei-o graças a um outro psicanalista, mas essa é outra história. Hoje, falo apenas daquela que foi minha prática com Jacques Lacan.

O ponto de fechamento não é o ponto/barra de nossas linguagens de computador, é um passo de fechamento, como uma volta de parafuso, uma brecha sem remédio, cujas veias só me resta seguir, sem angústia. Uma passagem do ponto do ordinal para o transfinito do cardinal. Que pode me acontecer hoje se o desejo é indestrutível, caso Freud esteja certo? Acho que só surpresas, boas ou ruins. Recebo-as com uma fria benevolência. A vida se tornou um pouco mais amiga.

Três pontinhos para terminar, é meu sinthoma. Eu o seguirei até o fim da viagem com ou sem o acordo do Outro que não existe.

Patrick Valas

13 | "Tiradas" de Lacan?

Há uns 20 ou 30 anos que se registram as "tiradas" de Lacan: aquelas que ele proferiu em público, claro, mas também aquelas que ele enunciava durante as análises. Chegaram a montar um catálogo que se chama, justamente, *132 bons mots avec Lacan*. O que mais chama a atenção nesse burburinho em torno das tiradas de Lacan é o fato de envolver, com frequência, tiradas relatadas fora de contexto e apresentadas como se se bastassem a si próprias, independentemente da transferência daquele que relata as frases e, sobretudo, dos eventuais efeitos que elas poderiam ter tido no tratamento. Efeitos que faziam com que não fossem simplesmente "tiradas", mas interpretações! Como sabemos, para verificar em análise se uma interpretação é uma interpretação, precisa-se do material que a ela se segue e do testemunho dos efeitos subjetivantes ou não que ela pode ter favorecido.

Ora, essa segunda parte é aquela que geralmente nos falta nesse esforço de transmissão das "tiradas" de Lacan. Ao dizer isso, ouço o equívoco que dá a esses catálogos um sentido totalmente diferente do que está escrito. Para essa ausência, há evidentemente razões ligadas a nosso pudor, ao eventual temor de se histericizar em público ou à dificuldade de teorizar a própria análise. Mas creio que também se pode invocar certa atitude convencional que foi nossa por anos: considerava-se mais "científico" não falar de si, porque se entendia que tudo o que se pudesse dizer sobre isso seria da ordem da bobagem, que não se poderia responder pelo que foi a própria análise, pelos efeitos que ela teve em nossa vida, exceto, evidentemente, da experiência muito particular e orientada que é a do passe.

Portanto, um pouco nos moldes de Ginette Raimbault, gostaria de testemunhar e, para não ser simplesmente crítico, dizer como vi as coisas, como as coisas se deram. Evidentemente que não poderia expor todos os desenvolvimentos, mas gostaria de, ao menos a respeito de um ponto ou dois, tentar transmitir o que entendi como uma particularidade forte da prática de Lacan: sua capacidade de esperar que o que é da ordem do significante surja para o paciente na realidade dele. Essa capacidade de espera, que fazia com que ele não se precipitasse na interpretação, com que esperasse que as coisas retornassem, no tempo do tratamento, no real do paciente, foi o que mais me deixou pasmo. Várias vezes, ele teve a oportunidade de apontar o equívoco desta ou daquela frase ou desta ou daquela palavra que eu tinha dito, e ele não fazia isso senão pela escansão, pelo corte da sessão. Contudo, quando intervinha dizendo alguma coisa, era sempre porque o que eu estava ou não dizendo cruzava com algo de minha realidade do momento ou da realidade do momento no sentido mais geral da palavra, ou seja, não me dizendo necessariamente respeito de modo direto. Vou dar um exemplo.

Na verdade, tudo começou com o primeiro telefonema, e já fui confrontado com o que tentei dizer a ele. Acontece que, na ocasião, quis a sorte, se é que se pode chamar assim, que, em vez de Glória atender (isso aconteceu no começo dos anos 70), foi o próprio Lacan quem atendeu. Fiquei, portanto, um pouco tenso e surpreso; eu era muito jovem naquele momento. Disse-lhe de cara que gostaria de marcar uma consulta para fazer uma análise com ele. Imediatamente, ele me fez uma pergunta que me desconcertou: "O que faz o senhor acreditar que é a mim que deve pedir isso?" Eu tinha, evidentemente, preparado respostas para várias perguntas, mas não para aquela, e vi-me obrigado a responder quase sem ter "pensado". Contei-lhe, então, qual era a minha realidade do momento, a saber, que vivia em comunidade. E que nessa comunidade (a moda era essa), no andar de cima, havia uma outra comunidade pela qual passavam, de tempos em tempos, psiquiatras italianos, mais ou menos a cada 15 dias. Eles faziam análise com Lacan e, em certas oportunidades, tinham me falado a seu respeito. Lacan retrucou, de bate-pronto: "O que o senhor tem a ver com a Itália?" E ainda hoje me ouço dizer: "Tudo." E, efetivamente, não vou lhes contar minha vida, mas "tudo" na minha vida tinha a ver, de um modo ou outro, com a Itália.

Ademais, o que não cessa de me interrogar não é a capacidade – afinal, banalmente analítica – que ele teve de destacar esse significante que talvez parecesse o mais anódino, mas não era, já que considerei necessário fazer essa precisão, que, de resto, era dispensável para o diálogo que estávamos tendo naquele momento! Não, o que me interroga ainda hoje é que, na minha realidade, eu encontrava ali, de cara, o significante do qual ele se apropriaria de imediato para pôr em andamento o que de fato teve um efeito transferencial particularmente consistente. Transferência sem dúvida instalada antes do primeiro telefonema, mas que, a partir desse instante, se precipitou. Eis um exemplo de intervenção que ainda não é uma "tirada", mas, se ao menos um é necessário, vou tentar lhes relatar o que, a meu ver, não pode ser reduzido a uma anedota.

Acontece que, na época (não sei se isso mudou), eu era alguém extremamente atento à prática de Lacan com os outros e não somente comigo. Aliás, formávamos certo número de pessoas que se reuniam no café e contavam umas às outras o que ele tinha dito, o que tinha feito, as armadilhas que tinha montado... Essa coletivização de sua prática já ocorria nos tempos dos pacientes de Freud, como mostram as saborosas memórias de Abram Kardiner, *Mon analyse avec Freud*. Um dia fui obrigado a constatar (foi bem no começo de meu tratamento) que me era muito penoso pagar o que ele pedia. O que ele cobrava não era nem abusivo nem excessivo, mas, considerando meus recursos, era uma enormidade. Por isso, em geral, não ficava chateado quando ele saía de férias, pois ele só retornava no dia 15 de setembro! Eu começava, então, no dia 1º de setembro, a trabalhar para ter como lhe pagar. Ora, num ano, ele voltou no dia 1º de setembro, embora tivesse me dito que retornaria no dia 15, e fiquei sabendo por vários companheiros de jogo, com quem dividia a mesma sala de espera, que ele tinha voltado no dia 1º e tinha ligado para alguns pacientes seus, mas... não para mim! Não posso nem falar do ciúme que se apossou de mim – sem motivo, evidentemente; eu então segurei as pontas até encontrar uma de minhas colegas na sala de espera, logo antes da minha sessão, que me expressou seu júbilo, pois Lacan tinha lhe telefonado já no dia 1º de setembro! Diante disso, não dava para escapar! Mal deitei, disse-lhe: "Veja o que acabei de saber e, digo-lhe com todas as letras, estou extremamente enciumado!" Ao que ele respondeu: "O senhor está enciumado? Bem, nesse caso, o senhor me pagará todas as sessões que deveria ter feito se eu tivesse lhe telefonado no dia 1º."

A partir daí, havia duas opções: ou pagar, e era um certo tipo de vínculo que se instauraria, ou tomar aquilo como uma interpretação de meu masoquismo; interpretação que também significava uma consideração de sua parte, de modo humorístico, para com minha realidade material. Ri disso com ele, não paguei, e depois veríamos o que ia acontecer. Evidentemente, ele nunca pediu esse pagamento. Nunca pediu e isso adquiriu a condição de uma interpretação que efetivamente abriu para mim a possibilidade de me interrogar sobre a significação masoquista do ciúme.

Terceiro exemplo do que chamo sua capacidade de se apropriar do significante quando ele cai no real, mas ele também podia se apropriar de um real que podia parecer distante da fala do paciente para trazê-lo de volta para dentro do tratamento. Contar-lhes isso me compromete um pouco mais, mas, afinal, penso no que me disse Françoise Dolto um dia: "Os únicos colegas que me interessam são aqueles que falam de sua história analítica." Talvez haja aí um risco que nossa comunidade deveria correr. Nas primeiras entrevistas, dissera-lhe que, adolescente e meio abandonado em Paris, fora pego num supermercado depois de ter roubado um assado, o que me valera um processo sem grandes consequências materiais. Contei-lhe isso e lhe disse que esse era um dos motivos de minha demanda de análise, que ter me encontrado naquela situação me deixara extremamente apavorado e que eu queria entender um pouco o que havia por trás desse assunto.

Ele não me disse absolutamente nada, nada. Dois anos depois, um de meus amigos, que era justamente um daqueles psiquiatras italianos que tinham me levado por esses caminhos – estava na moda, na época, em certos meios, afanar nas lojas, nas livrarias, por toda parte – foi pego numa livraria, perto da casa de Lacan, roubando livros. Nesse ínterim, a lei tinha se tornado bem mais severa; ele foi julgado num processo rápido e mandado para a prisão no mesmo dia; fiquei sabendo do fato por uma amiga comum que também frequentava o divã de Lacan. Na manhã seguinte, às sete horas (em comunidade, tinha-se em geral o hábito de se levantar por volta de meio-dia, uma hora), um de meus colegas me acordou e me disse que alguém ao telefone me chamava. Fui resmungando e, quando peguei o aparelho e perguntei quem ousava me acordar, ouvi: "É Lacan." Aí eu disse: "Deixa de bobagem, você viu a hora?...", mas entendi, ante o silêncio que se seguiu, que era efetivamente Lacan. Pedi desculpas e lhe perguntei do que se tratava. Lacan me disse: "Do que se trata?" Entendi imediatamente do que ele estava falando e lhe disse: "Escute, senhor, sei tão pouco quanto o senhor e certamente fiquei sabendo pela mesma pessoa." Ao que ele respondeu: "Bom, muito bem, vá vê-lo em La Santé [portanto, ele, na verdade, já sabia um pouco mais do que eu], pergunte-lhe o que aconteceu e me conte." Eu lhe disse: "Mas, senhor, não se entra numa prisão como se entra numa repartição pública!" E ele me respondeu: "Até de tarde!"

Há na transferência algo da força do desejo sobre a qual eu gostaria de testemunhar, porque é provavelmente um exemplo gritante daquilo a que a transferência é capaz de nos fazer ter acesso. Telefonei, então, um tanto perturbado e aflito para um amigo esquerdista, sem papas na língua e advogado, para lhe dizer que eu tinha de ir até La Santé naquela tarde. E ouvi minhas próprias palavras: "Mas não se entra numa prisão como se fosse um lugar qualquer!" Daí minha pergunta: "Como se faz?" Devo esclarecer que naquela época eu estudava Direito! "Como se faz quando se quer entrar numa prisão e ver alguém lá?" Ele me respondeu: "É preciso ser da família ou ser o advogado da pessoa; logo, primeiro o seu amigo deve me designar como advogado dele, depois verei o que se pode fazer." Levado por uma determinação que na época eu não sabia que tinha, respondi: "Ah, tudo isso é demorado demais: quem decide?" Ele me disse: "O procurador da República." Ainda impulsionado por uma súbita ausência de timidez, eu disse: "Tenho de encontrar o procurador da República e, se possível, esta manhã."

Mas ele me disse: "Veja, estou um pouco ocupado...". Finalmente, encurtando a história, fomos ao palácio da Justiça, onde vi meu colega esquerdista – que se tornara ilustre nas barricadas por uivar mais alto que os lobos – entrar no escritório do procurador quase de joelhos, fechar a porta com discrição, voltar e me dizer com certo despeito: "Bom, bom, ele aceita receber você."

Entrei naquela sala imensa, estilo império, onde é preciso percorrer 30 metros para se chegar diante da mesa do procurador; nenhuma cadeira diante dela; ele escrevia ou fingia escrever... E, passado um momento que me pareceu muito longo, ante sua solicitação silenciosa, expliquei-lhe que queria ver um amigo que estava preso desde o dia anterior. Ele me perguntou por que e, pego desprevenido, eu lhe disse: "Porque sou seu psicanalista" (delegado, de certo modo).

Então ele me perguntou: "O senhor é médico?" Ali, senti que só tinha meio segundo para decidir o que responder. Se dissesse "sim", não sendo médico, era eu quem iria para a cadeia, e se dissesse "não", perderia toda credibilidade aos olhos dele; por isso optei por uma resposta que lembrava o que Freud escreveu: "Não é preciso ser médico para ser psicanalista e é proibido ser padre!" Então, ele apanhou uma folha de papel, colocou um selo em cima e me disse: "O senhor tem uma autorização de visita para hoje à tarde." Logo, lá estava eu em La Santé naquela mesma tarde. Trouxeram meu amigo até o locutório e eu passei praticamente três ou quatro horas na prisão. Nem lhes conto a cara aturdida de meu colega quando me viu! "Vim da parte de Lacan, ele quer saber o que aconteceu", anunciei-lhe. Ele me contou que tinha afanado um livrinho e que fora pego – o de sempre, em suma. Perguntei-lhe se isso era tudo o que ele tinha a dizer a Lacan. Ele me disse que sim – bom, muito bem – e me mandei para a *rue* de Lille, muito contente por ter conseguido realizar o que eu ainda não percebia como façanha.

Contei a Lacan as poucas coisas que o amigo tinha dito, ele escutou tudo aquilo, e depois pensei em ir para o divã para fazer minha sessão. Vendo que realmente não era o caso, considerei útil pontuar meu relato com um comentário sobre tudo o que tinha acabado de acontecer: "É mesmo doideira afanar livros!" Eu, dizendo isso! E ele me responde: "De jeito nenhum, meu caro, o que é louco não é afanar, é se deixar pegar!" O efeito disso foi inverter completamente a relação que eu tinha com minha própria história e todo o resto! É o que se poderia chamar de retificação ética.

Se conto tudo isso é sobretudo porque me parece que o extraordinário nisso, nesse aspecto da prática de Lacan, é sua capacidade de esperar o que ele chama o momento próprio para "prestar o entrepréstimo".[1] Afinal, tinha um punhado de gente para quem ele podia telefonar, pois aquele amigo italiano tinha um montão de colegas que estavam no divã de Lacan. Só que havia naquilo algo em que ele cedia à coincidência entre esse acontecimento e aquele que fora meu dizer no tratamento desde o começo. Que a coisa seja feita consciente ou inconscientemente, para ele, absolutamente não importa; o que conta é que ele tenha se entregado o bastante para enfatizar ao mesmo tempo a lei e o gozo. Em outras palavras: "Já que o senhor tinha vontade de ir para a prisão, pois bem, vá! Vá ver como é, e como o senhor tem comentários a fazer sobre

[1] J. Lacan, *Télévision*. Paris, Seuil, 1974. [Ed. bras. : *Televisão*, Rio de Janeiro, Jorge Zahar, 1993.] (N.R.)

a coisa, vamos nos apossar dela para fazê-lo trabalhar naquilo de que se trata, para o senhor, nesse tipo de assunto."

Só uma última coisa. O que ele dizia nem sempre era tão adaptado, e eu deploro um certo modo sistemático de glorificar essa prática como se ela sempre fosse infalível. Ela nem sempre era – sobretudo quando havia, para ele, como que uma confusão dos lugares que ele ocupava. É certo que ele tinha uma grande capacidade de separar os planos de sua ação, mas, às vezes, ele metia um pouco os pés pelas mãos. Lembro-me, em particular, do seguinte: minhas sessões geralmente ocorriam segunda, quarta e sexta, mas eu ocupava um posto de psicoterapeuta no Centro Médico Psicopedagógico (CMPP) de uma província distante e o diretor administrativo tinha decidido que as sessões de síntese ocorreriam às sextas. Consequência: já não podia ir às minhas sessões de sexta! Falei-lhe a respeito e ele não fez nenhum comentário, estava aparentemente de acordo e, portanto, passara as sessões para segunda, terça e quarta. Ora, na quarta, quando eu lhe disse: "Até segunda", ele me respondeu: "Até sexta". Lembrei-lhe que, afinal, já tínhamos conversado sobre aquilo e ele insistiu: "Até sexta". E fui embora. Sexta-feira, evidentemente, não fui. Segunda, esperava que ele pedisse para pagar a sessão, mas não. Idem na semana seguinte. Então, pensei: bem, talvez ele queira me fazer entender alguma coisa sobre o "ventre diz", o vender, a sexta, véspera do Shabbat.[2] Por fim, passei em revista tudo o que podia passar em revista, e aquilo durou assim três ou quatro semanas. Nada que eu fizesse adiantava; não havia o que me satisfizesse; ou seja, nada me dava a sensação da verdade e tampouco nada o satisfazia, já que ele insistia.

[2] Jogo de palavras com "*vendredi*", "sexta-feira". No original, "*ventre dit*", *le vendre, le vendredi.* (N.T.)

Passado certo tempo, comecei a ficar com um pouco de raiva e disse: "Escute, chega, virei o troço de cabeça para baixo, nada acontece, não entendo nada do que o senhor me diz quando me diz: 'Até sexta!'." Então, ele me respondeu: "O senhor não entende nada? Bem, azar o seu!" Esse "azar o seu" teve efeitos devastadores, porque a partir dali comecei a desinvestir completamente o trabalho que fazia naquela província, já não me interessava e era até relativamente deprimente. Vivi aquilo como uma rejeição cheia de desprezo. Em seguida, por caminhos que seriam muito longos de relatar, entendi que, na verdade, o que ele queria me dizer não tinha a ver com meu tratamento, mas com minha presença na sua apresentação de doentes, em Sainte-Anne. A partir do momento em que eu aceitava ir àquela síntese, na minha província, já não podia ir à apresentação de doentes, cujas portas ele me abrira generosamente. Ora, isso ele não me dizia, querendo que eu entendesse, mas fora do tratamento no tratamento; era no campo de minha formação, por assim dizer, mas era fora do tratamento. E ele não pôde ou não quis – não sei – dizê-lo, o que teve efeitos catastróficos (enfim, tudo é relativo). Quando entendi aquilo e pude dizer a ele, tive a oportunidade de encontrar uma verdadeira humildade em Lacan, que reconheceu que efetivamente tinha sido um erro da parte dele e pediu que o perdoasse.

Jean-Pierre Winter

Posfácio

144 Os analistas que neste volume falam da prática de Lacan vêm de várias gerações e, por isso, colocam uma questão específica para o paradoxo próprio à transmissão da psicanálise.

Essa transmissão, induzida pela lei do significante, obedece a uma dupla exigência: sincrônica e diacrônica. Pela primeira, o analista, em sua própria relação com a fala, é instruído de que o sujeito do inconsciente, não sendo ortodoxo – nem freudiano nem lacaniano –, só pode advir numa solidão extrema.

Pela segunda via, o analista, ao recuperar a história, descobre um novo aspecto do endividamento simbólico: já não se trata, então, de um endividamento para com a estrutura significante, mas para com as gerações anteriores que lhe transmitem a mediação da própria elaboração pela qual Freud e Lacan chegaram até elas.

No tocante a isso, o encontro com Lacan tem necessariamente duas faces: o encontro com o homem, no contexto de uma análise pessoal ou de uma supervisão, e, de outra maneira, o encontro mediado por esse terceiro que são as gerações anteriores.

Para avaliar a natureza da dívida que temos com esse terceiro, convém, por exemplo, perceber que alguns milhares de psicanalistas hoje reconhecidos como lacanianos remetem, saibam-no ou não, ao fato de que, nos anos 50, não havia psicanalistas reconhecidos como lacanianos: havia um punhado de psicanalistas que eram "reconhecidos", gratos por um ensino que não era, como hoje, um valor institucional inconteste, tranquilizador até. Ao contrário, naquele momento, ele requeria, daqueles que para ele se voltavam, assumir consequências perigosas do ponto de vista institucional.

Entre a geração daqueles que encontraram Lacan nos anos 50, recolhemos o testemunho de analistas que – pelo menos na França – receberam um choque comparável ao que ocorre numa análise quando há retorno do recalcado: ouviram, nos seminários de Lacan, uma modalidade de transmissão da psicanálise que os advertia sobre o que, da mensagem freudiana transmitida pela instituição deles, tinha sucumbido a um recalcamento gerador de dogma.

Assim, quando hoje ouvimos como Safouan, Clavreul e Leclaire falam da psicanálise e de sua transmissão, parece-me que continuamos a ouvir, mediante o testemunho deles, a perseverança dos efeitos desse encontro inicial: mais que sobre a teoria constituída, eles colocam, de modo privilegiado, a ênfase na teoria se constituindo e na descoberta das consequências do primado do significante no tratamento e na vida institucional.

Com a geração dos anos 60, o testemunho trazido sobre Lacan já não está centrado no mesmo real: agora, trata-se menos dos efeitos subjetivantes da descoberta de um ensino novo do que da tomada de posição histórica e ética que cumpre sustentar face ao posicionamento superegoico da IPA em relação à prática de Lacan. Quando a IPA propõe que o ensino de Lacan seja aceito, com a condição de que ele aceite não ser reconhecido como didata, a proposição era a seguinte: é possível servir a dois mestres ao mesmo tempo, dizer sim à lei do espírito de um ensino e dizer sim ao supereu que enuncia: "Lacan não é um didata."

Eu diria que o testemunho daqueles alunos de Lacan que viveram a segunda cisão é o de terem sustentado que não se pode servir a dois mestres ao mesmo tempo: a esse respeito, afirmar que o ensino de Lacan não era dissociável de sua prática implicava a necessidade de uma articulação que encontrou sua razão na fundação da Escola Freudiana de Paris, em 1964.

Essa discrepância de experiência das diferentes gerações não quer dizer que a diversidade dos testemunhos signifique "a cada qual seu Lacan". Se há um fio que circula entre as décadas, incluindo a terceira, a dos anos 1968-75, é aquele induzido pelos efeitos transferenciais causados pela relação específica de Lacan com a fala.

Essa relação, que consiste em afirmar que existe um real humano mais radical, mais originário que o sexual, e que é o "ser enquanto falante", não é apenas uma proposição teórica.

A capacidade que Lacan tinha de transmitir a um analisando o espanto inaudito que podia ser experimentado diante do reconhecimento enigmático da existência de um "dizer", para além do que pudesse ser dito, abria para sempre a um questionamento ético e estético que esta coletânea de testemunhos ilustra.

*

Dentre as questões que a disparidade desses testemunhos coloca, esta é crucial: pode-se encontrar, nos modos de transferência induzidos pela prática de Lacan nesses analisandos, um ponto de real que faça laço? Com relação à transferência ao mestre que, no seu ensino, produzia por vezes efeitos de fascinação – por vezes de alienação –, será possível aproximar o tipo de transferência induzida pela maneira como Lacan, na sua prática, deixava cair a função do mestre?

Por meio dessa questão, somos convidados a voltar para o significante que Lacan, para espanto da comunidade psicanalítica, proferiu um dia ao dizer que o analista só poderia se autorizar por si mesmo. A banalização introduzida pela repetição excessiva desse enunciado tende, hoje, a fazer esquecer o extraordinário paradoxo que, em seu tempo, ele fez emergir: não é por falar com autoridade que um analista se autoriza a fazê-lo; muito pelo contrário, a autoridade do discurso do mestre sustenta-se numa renúncia íntima ao ato de se autorizar, num recalcamento desse enigmático desejo de transmissão que Lacan denominava desejo *x*.

A maneira como Lacan aprofundou incessantemente o enigma veiculado pelo ato de se autorizar levou-o a enunciar qual podia ser, na visão dele, o tipo de ateísmo viável a que uma psicanálise poderia conduzir: prescindir da autoridade do significante do Nome-do-Pai com a condição de saber fazer uso dele. A esse propósito, caberá a nós dizer em que o ateísmo de Freud diferia do de Lacan e no que, por esse motivo, duas concepções do tratamento podem se opor.

Na medida em que os tipos de transferências discerníveis nos testemunhos que constituem este volume foram induzidos pela forma singular como Lacan "se autorizava", entro no âmago de nossa proposição ao constatar que Lacan aplicava na sua prática o que Freud descobriu teoricamente quanto à censura.

Que nos diz ele em seus primeiros livros centrais – *A interpretação dos sonhos, Chistes e sua relação com o inconsciente, Psicopatologia da vida cotidiana*? Que existe uma censura inconsciente que leva o sujeito a não dizer ou a se desdizer. Para tanto, essa censura propõe ao sujeito permanecer na rotina de um discurso que, fundamentado no princípio de prazer, tende a expulsar tudo o que possa ser desprazer – a saber, tudo o que for da ordem do espanto ou da sideração (*Verbluffung*).

Ora, que tenta fazer Lacan em sua prática da escansão, senão, como no chiste, produzir uma sideração da atividade obstruidora da censura?

Se o sonho põe em cena o retorno da atividade da censura, o chiste, por sua vez, põe em cena uma dupla transposição da censura: num primeiro tempo, a censura é siderada pela ação da palavra portadora de espirituosidade e, num segundo tempo, o sujeito do inconsciente assume essa sideração da censura não deixando, como ocorre no sonho, que ela recupere seus direitos. Com efeito, essa assunção abre a via da *insistência* por meio da qual o sujeito sai da sideração para fazer sua a espirituosidade da palavra. Realiza, assim, um ato de criação que se produz no instante de alegria do riso. Esse instante manifesta que o sujeito consente e confirma a transposição da censura ao assumir o que então se abre.

Para entender para o que abre essa sideração da censura, cumpre discernir a ruptura produzida entre o que já estava lá e o que ainda não estava lá.

O que estava lá, sob a ascendência da censura, era o que Freud denomina o "pensamento falseado" que, regido pelo princípio de prazer, não autoriza o encontro do real do furo do trauma.[1]

O exemplo cômico que Freud dá para ilustrar esse "pensamento falseado" é o de um viajante interiorano que um dia vai a Paris, ao Palais-Bourbon, para ouvir os discursos dos depu-

[1] No original, *trou-matique*. Neologismo de Lacan coloca um furo no real – lá, onde não há relação sexual – ao associar o *traumatisme* ("trauma") e *trou* ("furo"), bastando mudar uma vogal. (N.R.)

tados, no mesmo dia em que, coincidência incrível, explode diante do palácio a bomba de um atentado anarquista. O viajante é em seguida entrevistado pela imprensa, que lhe pergunta o que pensou no instante em que a explosão ressoava. Ele então responde que pensou ser costume em Paris honrar o discurso de um deputado com um tiro de canhão.

Somente a ruptura com esse discurso denominado por Freud "elaboração secundária" tornará possível o encontro de um real que pode ressoar por intermédio de um tiro de canhão ou de um tiro dado pela escansão siderante.

Para entrar na inteligibilidade do que Lacan chama desejo *x*, cumpre distinguir com ele três tempos lógicos por meio dos quais, quando confrontado com o real, o sujeito do inconsciente é sucessivamente levado primeiro a ver, em seguida, a compreender e, por fim, a concluir.

O primeiro tempo é o do encontro siderante por meio do qual o significante passador do real, ao tirar de jogo o princípio de prazer, deixa o sujeito receptor num estado de desorientação radical: na medida em que está, então, privado de tudo o que sabia, fica despojado, nesse tempo efêmero em que o espanto ressoou, do que dava consistência tanto à dimensão do espaço quanto à do tempo.

O segundo tempo, "tempo para compreender", remete ao instante em que o sujeito, entendendo de súbito o sentido inconsciente do chiste, cai na gargalhada. Esse tempo, que surge depois de um enigmático tempo de latência entre "sideração e luz", é aquele em que o sujeito do inconsciente é conduzido a compreender ou, antes, reconhecer a existência desse terceiro que é a *dritte Person*, essa terceira pessoa que Lacan identifica ao simbólico.

A gargalhada remete a uma modalidade de alegria que merece nossa atenção, pois revela o êxito fugidio desse estranho amor de transferência pelo lugar terceiro de onde uma mensagem constituinte pode chegar até um sujeito receptor. Essa mensagem, que Lacan escreve S$\not{A}$, é indutora de um amor de transferência que ele distingue radicalmente do amor dos fiéis e que ele supõe solitários como Freud ou Spinoza: "O culto de amor que esses solitários, Freud e Spinoza, podem devotar a esse deus da mensagem ... é um tipo de amor que não tem absolutamente nada a ver com o deus dos fiéis."[2]

Por que esse tipo de amor não é o dos fiéis? Porque se trata de um amor que ele qualifica em algum lugar de "real", amor que leva não a crer "nele" ou "nela", mas a crer "em": crer "em" implica uma crença barrada pelo real, no sentido de que aquilo em que se pode crer é um real que não é objetivável, passível de ser substantivado por um "ser" – deus – que seria possível nomear ou desenhar, na medida em que seria possível vê-"lo", desenhá-"lo", nomeá-"lo".

A outra razão pela qual esse amor de transferência é compatível com o ateísmo é aquela que abre para a inteligibilidade do terceiro tempo lógico, para o tempo para concluir. O sujeito receptor, que passou pela experiência do amor "real" pelo significante, transmuta-se em sujeito emissor produtor de um desejo *x*, mediante o qual uma resposta, uma conclusão, é dada pelo sujeito ao significante da escansão siderante.

Essa transmutação, que pode se dar no fim de uma análise, implica uma mudança subjetiva cujo princípio é fornecido por Lacan: "O emissor recebe do receptor sua própria mensagem invertida." A inversão em questão é a de amor em desejo *x*: na medida em que descobrimos a função do emissor na *dritte Person* quando ela se endereça fugidiamente ao sujeito receptor, situaremos a inversão em questão no movimento em que o sujeito, ao se transferir do lugar de receptor para o de emis-

[2] J. Lacan, *L'Éthique de la psychanalyse*, Le Séminaire, livro XII. Paris, Seuil, 1986, p.212.

sor, inventa a transferência. Paradoxo dessa invenção: agora, é o sujeito que se endereçará ao terceiro, com a ressalva de que agora ele deve esquecê-lo, pois – assim como para escrever é preciso haver uma página em branco – é preciso o silêncio do Outro para que ele possa falar.

Esse silêncio, que o recalcamento originário faz cair como um véu, nem por isso é efeito de um esquecimento radical do Outro: trata-se de um esquecimento paradoxal, associado a um não esquecimento que orienta a busca transferencial; o sujeito não sabe que esqueceu, não sabe o que esqueceu e, ao mesmo tempo, não é "sem saber" que esqueceu.

Ainda assim, é do seio dessa solidão em que o esquecimento do Outro o deixa que ele vai se extrair, produzindo para o Outro esquecido uma fala que, estruturalmente, é ato de interpretação do esquecedor que ele foi.

Se Lacan produzia escansões, por que não era ele – como Freud – pródigo em interpretações? Porque considerava que, estruturalmente, o verdadeiro intérprete era o analisando, como sujeito interpretado pelo significante e interpretando com o significante.

Quando o analisando reencontra em seu trabalho o instante mítico em que, por uma interpretação inconsciente, ele adveio como ser falante, descobre que esse ato de procriação produziu-se originariamente sem nenhuma garantia de ser conforme: ele não tinha modelo identificatório que lhe dissesse como fazer para atravessar seu furo borromeano, esse bastidor de onde ele poderia surgir como o ator que entra em cena na cena da fala.

De onde lhe vem o saber que o conduz a esse achado[3] do furo? Terá um mestre lhe prodigalizado um ensino que ele re-

[3] No original, *trouvaille*, "achado", que tem a ver com o furo do real: *trouvaille*. (N.R)

cebeu, mas do qual nada sabe? Sim: esse mestre, cheio de saber não sabido, é o significante que transcende e que escande desde que possa se encarnar.

O fato de esse criador ser inconsciente é a fórmula com que Lacan distingue seu ateísmo (deus é inconsciente) do de Freud (deus está morto). Esses dois tipos de ateísmo expõem duas concepções da conclusão de uma análise.

Freud situa seu ateísmo na linhagem dos enciclopedistas do século XVIII. Fiel ao espírito das Luzes, ele recusa o pai consolador, agente da Providência, pai vestígio de um pai ilusório, onipotente, que, para ele, remete à imagem infantil, idólatra do pai.

A contradição a que Freud é levado é que, se por um lado ele desfaz a ilusão religiosa, mantém, por outro, a relação do sujeito edipiano com um pai não ilusório, fantasma imperecível desse pai primitivo, que esmaga de remorsos os filhos que todos somos como herdeiros de um assassinato não fantasístico, mas real. Portanto, para Freud, uma culpa insuperável.

A questão que Lacan vai colocar é outra: se essa culpa é insuperável porque o pai morto permanece aqui embaixo para atormentar o filho, isso faz, em suma, companhia para o sujeito, assim subtraído à solidão. Para Lacan, essa experiência da solidão do sujeito do inconsciente é fundamental. Está no princípio do "só autorizar-se por si mesmo", na medida em que, no terceiro tempo lógico do devir inconsciente, o sujeito, depois de ter sido, de modo fugidio, arrancado da solidão pelo encontro com a *dritte Person*, reencontra-a esquecendo (*Urverdrängung*) o encontro. Esse esquecimento conduz a uma forma de ateísmo que não é o de Freud: não abre para um pessimismo ligado à culpa, mas, inversamente, para uma espécie de alegria que não exclui o entusiasmo: "Se um analista não é levado ao entusiasmo", escreve Lacan, "não terá havido análise."[4] A raiz desse "entusiasmo" que o analista pode dar a seu analisando mediante seu desejo *x* extrai sua fonte desse movimento pulsional originário que, antes da instauração da lei simbólica, surge com o recalcamento originário porquanto o desaparecimento do significante originário cria um vazio que, ao matar o determinismo do sentido, abre um indeterminado que possibilita o que Lacan define como a função da liberdade: "O que fundamenta no sentido e no não-sentido radical do sujeito a *função da liberdade*[5] é propriamente o significante da *Urverdrängung* que mata todos os sentidos ... abolindo todos eles."[6] Se o desejo do analista por esse significante merece ser qualificado pela letra *x* (que, em francês, consona com "ics"), é devido ao enigmático real, que se torna encontrável quando "todos os sentidos" marcados de finitude são abolidos: a partir daí, o campo de uma infinitude de significância liberta do cativeiro em que estava, advém como a causa possível de um desejo *x*.

Por sua dimensão infinita, essa significância está subtraída ao poder organizador do Um que é o significante do Nome-do-Pai. Um pouco como, desde Schoenberg, os 12 sons da escala deixaram de estar hierarquicamente organizados pela ascendência desse significante do Nome-do-Pai que é a tonalidade, os significantes da língua inconsciente podem escapar ao reino centralizador da lei do sentido para se dar como pu-

[4] J. Lacan, "Lettres aux Italiens" (abr 1974), in *Lacan in Italia*. Milão, La Salamandre, 1978. [O texto de Lacan diz: "Se ele não é levado ao entusiasmo, é bem possível que tenha havido análise, mas analista, nenhuma chance", cf. "Nota italiana" (1973), in *Outros escritos*. Rio de Janeiro, Jorge Zahar, 2003, p.313. (N.T.)]

[5] Grifado por nós.

[6] J. Lacan, *Les quatre concepts fondamentaux de la psychanalyse*, Le Séminaire, livro XI. Paris, Seuil, 1973. [Ed. bras. : J Lacan, *O Seminário*, livro 11, *Os quatro conceitos fundamentais da psicanálise*. Rio de Janeiro, Jorge Zahar, 1985.]

ros significantes aliviados do peso de significados. A partir daí, assim como o sujeito do desejo *x* já não pode cantar numa tonalidade cuja tônica seja um dó ou um sol, tampouco pode falar num discurso cuja tônica seja Freud ou Lacan.

Que o sujeito do inconsciente não seja nem freudiano nem lacaniano não deixa de ter consequências para a transmissão da psicanálise: quando um psicanalista quer estar legitimamente garantido por uma ortodoxia, seja qual for, será que, por isso mesmo, ele não é imediatamente levado ao luto do herético que ele é estruturalmente enquanto sujeito da fala?

Nesses casos, a experiência não nos ensina que certos sujeitos não suportam esse luto e o quanto o ressentimento que daí às vezes se deduz, no sentido nietzschiano do termo, é destruidor para ele e para a transmissão da psicanálise?

Lacan, ao manifestar em sua prática um incrível respeito pela existência do sujeito falante que a ele se dirigia, deixou para seus analisandos o peso desta questão: o que prevalecerá no teu destino de analista, tua inserção institucional ou tua inserção na fala?

Alain Didier-Weill

Os autores

Jean Clavreul: psicanalista de formação médica, começou um tratamento analítico com Jacques Lacan em 1948. Ocupou diversos cargos de responsabilidade na Escola Freudiana de Paris, da qual foi, notadamente, vice-presidente e responsável pelo passe. Após a dissolução da Escola, foi um dos fundadores da Convenção Psicanalítica. Publicou vários livros, entre as quais *L'Ordre médical* (Paris, Seuil, 1978; ed. bras.: *A ordem médica*, 1983); e *Le Désir et la Loi – Approches psychanalytiques* (Paris, Denoël, 1987).

Alain Didier-Weill: psicanalista, cofundador da revista *Insistance* e autor, entre outros, de *Les trois temps de la loi* (Paris, Seuil, 1995; ed. bras.: *Os três tempos da lei*, Zahar, 1998); *Invocations – Dionysos, Moïse, saint Paul et Freud* (Paris, Calmann-Lévy, 1998; ed. bras.: *Invocações*, 1999); *Lila et la lumière de Vermeer* (Paris, Denoël, 2003); *Quartier Lacan* (Paris, Denoël, 2001; reed. Paris, Flammarion, col. Champs, 2004; ed. bras.: *Quartier Lacan*, 2007).

Claude Dumézil: doutor em medicina em 1961, antigo chefe de clínica psiquiátrica no hospital da Salpêtrière, analista praticante, analista de instituições psicanalíticas, membro da Escola Freudiana de Paris (desde sua fundação, em 1963, até sua dissolução, em 1981), membro da associação Análise Freudiana e presidente da Fundação Europeia para a Psicanálise. Escreveu vários artigos, sobretudo em *Scilicet*, *Ornicar?*, *Esquisses Psychanalytiques*, *Analyse Freudienne Presse*, e em duas obras coletivas que inspirou e organizou: *Le trait du cas* (Paris, Point Hors Ligne, 1989) e *À l'école du sujet* (Paris, Erès, 2003; ed. bras.: *A escola do sujeito*, 2006).

Adnan Houbballah: antigo interno dos hospitais de Marselha, neuropsiquiatra, professor de psicopatologia na Universidade Libanesa, presidente do Centro Árabe de Pesquisas Psicanalíticas e Psicopatológicas, colaborou com a revista *La Célibataire* e escreveu, entre outros: *Le virus de la violence – La guerre civile est en chacun de nous* (Paris, A. Michel, 1996); *Destin du traumatisme: comment faire son deuil* (Paris, Hachette Littératures, 1998); *Pourquoi la violence des adolescents? Voix croisées entre Occident et Orient* (org., Paris, Erès, 2001); "La particularité de la psychanalyse dans la culture arabe", in *Psychanalyse et le monde arabe* (Ala, 2003); *Féminin masculin, chez Freud et Lacan en arabe* (Dar El Farabi, 2005).

Philippe Julien: escritor, foi professor de filosofia e tornou-se psicanalista em 1968, depois de uma análise com Serge Leclaire. Cofundador da Letra Lacaniana, escreveu, entre outros: *Pour lire Jacques Lacan* (Paris, Seuil, col. Points Essais, 1995); *L'Étrange jouissance du prochain* (Paris, Seuil, 1995; ed. bras.: *O estranho gozo do próximo*, Zahar, 1996); *Psychose Perversion Névrose – La lecture de Jacques Lacan* (Paris, Erès, 2000; ed. bras.: *Psicose, perversão, neurose*, 2002); *Tu quitteras ton père et ta mère* (Paris, Aubier, 2000; Paris, Flammarion, col. Champs, 2002; ed. bras.: *Abandonarás teu pai e tua mãe*, 2000); *La psychanalyse et le religieux* (Paris, Éditions du Cerf, 2008).

Marie-Christine Laznik: psicanalista, membro da Associação Lacaniana Internacional. Criada no Brasil, estudou psicologia na Universidade de São Paulo (USP) e cursou a Escola de Arte Dramática (EAD). Realizou sua primeira análise, de orientação anglo-saxã, e suas primeiras terapias sob supervisão ainda no Brasil. Em 1972, fugindo da ditadura militar, foi para a França, onde fez uma segunda análise com Jacques Lacan, durante oito anos, cinco vezes por semana. Mais tarde, faria um terceiro segmento de análise com Joyce McDougall. Além de sua prática analítica com adultos, atende no Ambulatório Psicanalítico Pais-Bebê do Centro Alfred-Binet. Suas pesquisas estão voltadas para o autismo e o nascimento do psiquismo no bebê. É cofundadora de Pré-Aut (Prevenção Autismo), centro de pesquisa sobre os distúrbios psíquicos no bebê. Escreveu, entre outros: *Vers la parole – Trois enfants autistes en psychanalyse* (Paris, Denoël, 1996; ed. bras.: *Rumo à palavra*, 1997); *L'Impensable désir – Féminité et sexualité au prisme de la ménopause* (Paris, Denoël, 2003); *O complexo de Jocasta*, Rio de Janeiro, Companhia de Freud, 2003.

Jean-Jacques Moscovitz: membro fundador, em 1986, de *Psychanalyse Actuelle*. Últimas obras publicadas: *Hipothèse amour* (Paris, Calmann-Lévy, 2001); *Lettre d'un psychanalyste à Steven Spielberg* (Paris, Bayard Presse, 2004).

Moustapha Safouan: analista, publicou, entre outros: *La parole ou la mort* (Paris, Seuil, 1993; ed. bras.: *A palavra ou a morte*, 1993); *Lacaniana: les séminaires de Jacques Lacan* (Fayard,

1998; ed. bras.: *Lacaniana 1*, 2006); *Why the Arabs Are Not Free? The Politics of Writing* (Boston, Blackwell Publishing, 2007); *Pourquoi le monde arabe n'est pas libre* (Paris, Denoël, 2008).

Christian Simatos: psiquiatra, aluno de Lacan, antigo secretário da EFP, autor de diversos artigos para as revistas *Scilicet*, *Littoral*, *La Célibataire*.

Dominique Simonney: antigo membro da Escola Freudiana, membro ativo da Sociedade de Psicanálise Freudiana.

Colette Soler: pratica psicanálise e a ensina em Paris. Membro da antiga EFP dissolvida por Jacques Lacan em 1980, participou ativamente da criação da nova Escola da Causa Freudiana, da qual foi a primeira diretora. Em seguida, foi membro da Associação Mundial de Psicanálise (AMP) e de quatro de suas escolas. Paralelamente, de 1981 a 1998, contribuiu de maneira contínua para o desenvolvimento dos seminários do campo freudiano no mundo. Em 1998, esteve na origem da criação do movimento internacional dos Fóruns e depois da Escola de Psicanálise dos Fóruns do Campo Lacaniano (EPFCL). É atualmente membro do Colégio Internacional da Opção Epistêmica dessa escola e leciona, na França, no quadro das Formações Clínicas do Campo Lacaniano. Publicou inúmeros artigos e livros, na França e no exterior, sobre os problemas da formação e da ética na psicanálise, a clínica, a presença da psicanálise na civilização, a sexuação, a escrita etc. Entre suas obras em francês: *L'Aventure littéraire, ou la psychose inspirée: Rousseau, Joyce, Pessoa* (Paris, Du Champ Lacanien, 2001); *L'Inconscient à ciel ouvert de la psychose* (Paris, Du PUM, 2002; ed. bras.: *O inconsciente a céu aberto da psicose*, Zahar, 2007);

Ce que Lacan disait des femmes (Paris, Du Champ Lacanien, 2003; ed. bras.: *O que Lacan dizia das mulheres*, Zahar, 2005).

Patrick Valas: médico e psiquiatra. Conheceu Lacan em 1969 e fez análise com ele. Exerce exclusivamente a psicanálise desde 1976. É autor de: *Œdipe, reviens, tu es pardonné!* (Paris, Point Hors Ligne, 1984); *Les di(t)mensions de la jouissance. Du mythe de la pulsion à la dérive de la juissance* (Paris, Erès, 1998; ed. bras.: *As dimensões do gozo*, Zahar, 2001); "Freud et la perversion", in *Ornicar?*, n.39, out-dez 1986; *Les sexes de l'homme* (G. Delaisi, org., Paris, Seuil, 1985; ed. bras.: *Freud e a perversão*, Zahar, 1994), bem como vários artigos em diferentes revistas de psicanálise. Hoje é membro da Escola de Psicanálise dos Fóruns do Campo Lacaniano (EPFCL).

Jean-Pierre Winter: analisando de Jacques Lacan, dirigiu vários seminários na Escola Freudiana de Paris; cofundador do Movimento do Custo Freudiano depois da dissolução da EFP e atual presidente dessa associação (ela mesma membro do Inter-Associatif Européen de Psychanalyse et de Convergencia), é também professor na Aliança Israelita Universal. Autor de vários artigos em revistas psicanalíticas e em obras coletivas, publicou: *La violence II* (F. Héritier, org., O. Jacob, 1999); *Recomposer une famille, des rôles et des sentiments* (I. Théry, org., Paris, Textuel, 1995); *Les hommes politiques sur le divan* (Paris, Calmann-Lévy, 1995); *Les errants de la chair. Études sur l'hystérie masculine* (Paris, Calmann-Lévy, 1998; Paris, Payot, 2000; ed. bras.: *Os errantes da carne*, 2001); *Choisir la psychanalyse* (Paris, La Martinière, 2001); *Stupeur dans la civilisation* (com Valérie Marin, La Meslée, Pauvert, 2002); *Les images, les mots, le corps* (entrevista com Françoise Dolto, Paris, Gallimard, 2002).

Agradecimentos

Este livro resultou de um colóquio sobre a prática de Lacan organizado, graças a Virginia Hasenbalg, pela Fundação Europeia para a Psicanálise, em 2004. Os comentários e sugestões de Élisabeth Leypold foram extremamente úteis. Sébastien Maumon encarregou-se com valentia da preparação do manuscrito. Nossos mais vivos agradecimentos a eles.

COLEÇÃO TRANSMISSÃO DA PSICANÁLISE

Linguagem e Psicanálise, Lingüística e Inconsciente
Freud, Saussure, Pichon, Lacan
Michel Arrivé

Fundamentos da Psicanálise De Freud a Lacan
vol.1: As bases conceituais
Marco Antonio Coutinho Jorge
(série especial)

Os Três Tempos da Lei
O mandamento siderante, a injunção do supereu e a invocação musical
Alain Didier-Weill

O Pai e sua Função em Psicanálise
Joël Dor

Freud & a Judeidade
A vocação do exílio
Betty Fuks (série especial)

Clínica da Primeira Entrevista
Eva-Marie Golder

O Estranho Gozo do Próximo
Ética e psicanálise
Philippe Julien

Freud e a Sexualidade
O desvio biologizante
Jean Laplanche

Escritos Clínicos
Serge Leclaire

Introdução à Obra de Françoise Dolto
Michel H. Ledoux

Amor, Ódio, Separação
Maud Mannoni

Elas não Sabem o que Dizem
Virginia Woolf, as mulheres e a psicanálise
Maud Mannoni

O Nomeável e o Inominável
A última palavra da vida
Maud Mannoni

Freud: uma biografia ilustrada
Octave Mannoni (série especial)

A Alucinação
e outros estudos lacanianos
J.-D. Nasio

Cinco Lições sobre a Teoria de Jacques Lacan
J.-D. Nasio

Como Trabalha um Psicanalista?
J.-D. Nasio

Os Grandes Casos de Psicose
J.-D. Nasio

A Histeria
Teoria e clínica psicanalítica
J.-D. Nasio

Introdução às Obras de Freud, Ferenczi, Groddeck, Klein, Winnicott, Dolto, Lacan
J.-D. Nasio (dir.)

Lições sobre os 7 Conceitos Cruciais da Psicanálise
J.-D. Nasio

Este livro foi composto por Futura em Minion e Helvética Neue
e impresso na Bartira em junho de 2009.